Senhor, e agora?

Senhor, e agora?

Descubra seu lugar no Corpo de Cristo

Watchman Nee

Editora Vida
Rua Conde de Sarzedas, 246 – Liberdade
CEP 01512-070 – São Paulo, SP
Tel.: 0 xx 11 2618 7000
atendimento@editoravida.com.br
www.editoravida.com.br

Editor responsável: Gisele Romão da Cruz
Tradução: Jurandy Bravo
Revisão de tradução: Josemar de Souza Pinto
Revisão de provas: Lettera Editorial
Projeto gráfico e diagramação: Claudia Fatel Lino
Capa: Arte Vida

©1961, 2012, Watchman Nee, by Angus I. Kinnear
Originalmente publicado na Inglaterra
com o título *What Shall This Man Do*
Copyright da edição brasileira ©2020, Editora Vida
Edição publicada com permissão da CLC Ministries
International (Fort Washington, PA 19034, EUA)

∎

*Todos os direitos desta obra reservados
por Editora Vida.*

Proibida a reprodução por quaisquer
meios, salvo em breves citações,
com indicação da fonte.

Todos os grifos são do autor.

∎

Scripture quotations taken from Bíblia Sagrada,
Nova Versão Internacional, NVI ®.
Copyright © 1993, 2000, 2011 Biblica Inc.
Used by permission.
All rights reserved worldwide.
Edição publicada por Editora Vida,
salvo indicação em contrário.

Todas as citações bíblicas e de terceiros foram
adaptadas segundo o Acordo Ortográfico da
Língua Portuguesa, assinado em 1990,
em vigor desde janeiro de 2009.

1. edição: mar. 2020

**Dados Internacionais de Catalogação na Publicação (CIP)
(Câmara Brasileira do Livro, SP, Brasil)**

Nee, Watchman, 1903-1972
    Senhor, e agora? / Watchman Nee ; [tradução Jurandy Bravo]. -- São Paulo :
Editora Vida, 2020.

    Título original: *What Shall This Man Do*.
    ISBN 978-85-383-0411-1

    1. Evangelização 2. Ministério cristão 3. Vida cristã I. Título.

20-32946   CDD-253

Índices para catálogo sistemático:
1. Ministério cristão : Cristianismo 253
Cibele Maria Dias – Bibliotecária – CRB-8/9427

Sumário

Prefácio 7

1. Os artífices habilidosos de Deus 11
2. Pedro — e o Caminho 25
3. Pescadores de homens 44
4. Paulo — e a Vida 68
5. O firme fundamento de Deus 89
6. Uma Igreja gloriosa 109
7. Edificando em amor 126
8. Ministrando vida 149
9. Reunidos em seu nome 177
10. João — e a Verdade 202
11. Ao vencedor 229

Prefácio

A presente compilação do ministério oral do sr. Watchman Nee (Nee To-sheng), de Foochow, foi preparada, como dois de seus livros anteriores, de notas e traduções, pelo que mais uma vez estou em dívida com vários amigos que tiveram a oportunidade de ouvi-lo. Os discursos originais foram feitos em ocasiões diferentes e circunstâncias muito diversas na China e no Ocidente, ao longo dos cinco anos entre 1938 e 1942 — período de grave provação para a igreja chinesa.

Ao publicar estas mensagens no presente formato, penso que convém sugerir uma palavra de cautela. O material reunido nesta compilação, fragmentário em parte, não coexistiu na totalidade quando apresentado pela primeira vez, nem pode ser considerado completo em nenhum sentido. Apesar do uso reverente que fiz do que encontrei, sem parcialidade consciente, a disposição do material em parte é minha, portanto o livro pode omitir alguns aspectos dos assuntos tratados que o autor, se estivesse presente, talvez quisesse apresentar. Mais ainda, o efeito inevitável da edição consiste em fazer os estudos parecerem mais sistemáticos do que jamais se pretendeu, e isso em si poderia ser enganoso. Pois, a despeito da estrutura formal, o conteúdo permanece na essência uma série de discursos, refletindo assim a necessidade que o pregador sente da ênfase, e às vezes do exagero, a fim de transmitir suas ideias aos ouvintes.

Quanto à questão do "sistema" no ensino cristão, o sr. Nee já se manifestou. Ao discutir, vinte anos atrás, um de seus primeiros escritos em chinês, ele disse:

> Há alguns anos fiquei muito doente, e os médicos me deram poucos meses de vida. Diante disso, senti-me compelido a registrar em forma de livro o que o Senhor me mostrara sobre o tema do "homem espiritual", para, com isso, compartilhar com outras pessoas a luz que recebera. Fiz isso, e o livro foi publicado, mas hoje aquela edição está esgotada. Não será reimpressa. Não que estivesse errado o que escrevi, pois quando o leio hoje sou capaz de endossar todo o material. Trata-se de apresentação muito clara e abrangente da verdade. Mas nisso reside sua fragilidade. O livro é bom demais, e é a ilusão de sua perfeição que me perturba. Os títulos, a organização, a maneira sistemática pela qual o assunto é abordado, a argumentação — tudo perfeito demais para ser espiritual. Prestam-se com demasiada facilidade à mera apreensão intelectual. A quem lê o livro, não resta uma única dúvida; todas são solucionadas!
>
> Mas Deus, pelo que tenho descoberto, não age desse jeito e muito menos permite que o façamos. Nós, seres humanos, não devemos produzir livros "perfeitos". O perigo da perfeição é que alguém consiga compreender sem o auxílio do Espírito Santo. Mas, se Deus nos der livros, eles serão sempre fragmentos quebrados, nem sempre claros, coerentes ou lógicos, carentes de conclusão. No entanto, chegarão a nossas mãos e ministrarão vida a nós. Não temos como dissecar os fatos divinos, esboçá-los e sistematizá-los. Só o cristão imaturo exige sempre conclusões satisfatórias do ponto de vista intelectual. A própria Palavra de

Deus tem esse caráter elementar, no sentido de falar sempre e essencialmente ao nosso espírito e à nossa vida.

Será útil aos leitores das páginas que seguem ter em mente essas observações. Para alguns, este livro pode parecer pretensioso demais e suscitar mais perguntas do que consegue responder. Possa ao menos parte de sua mensagem ainda assim ter o poder de falar, como se de Deus, a qualquer um de nós cuja ambição é tornar-se servo mais efetivo de Jesus Cristo.

ANGUS I. KINNEAR
Londres, 1961

CAPÍTULO 1

Os artífices habilidosos de Deus

O chamado divino é distinto. Ao menos em certo grau, essa afirmação é verdadeira para todas as pessoas que Deus chama. Seu comissionamento é sempre pessoal, jamais genérico — para todos os homens. "[...] Quando [a Deus] agradou revelar o seu Filho em mim [...]." (Gálatas 1.15,16)

Além disso, seu objetivo é sempre preciso, nunca aleatório ou indefinido. Com isso quero dizer que, quando Deus confia a você ou a mim um ministério, não o faz só para nos manter ocupados em seu serviço, mas sempre para realizar, por intermédio de cada um de nós, algo bem definido, visando atingir o propósito que estabeleceu. Claro, é verdade que existe uma comissão geral outorgada à Igreja do Senhor para fazermos "discípulos de todas as nações" (Mateus 28.19). Todavia, para qualquer um de nós, a incumbência divina representa, e sempre deve representar, uma obrigação pessoal. Ele nos chama a servi-lo na área de atuação da sua escolha, seja para confrontar o povo escolhido com algum aspecto especial da plenitude de Cristo, seja em alguma outra relação particular com o plano divino. De certa forma pelo menos, todo ministério deveria ser, nesse sentido, específico.

Segue-se então que, como Deus não chama cada um dos seus servos para desempenhar tarefas idênticas, tampouco utiliza meios assim idênticos para sua preparação. Na condição de senhor de todos os procedimentos, Deus reserva para si o direito de usar formas particulares de disciplina ou treinamento, e às vezes a prova adicional do sofrimento, como meio para chegar a um fim. Pois seu objetivo é um ministério que não seja apenas comum ou genérico, mas que tenha sido objeto de especial planejamento para o serviço do seu povo em determinado momento. Para o servo em si, esse ministério deve passar a ser algo que lhe é peculiar — algo a ser manifestado de forma especial porque vivenciado de forma especial. É pessoal porque é em primeira mão; e não se lhe pode fugir porque, como diretamente relacionado com o propósito divino, esse propósito exige cumprimento.

Todo leitor do Novo Testamento instruído pelo Espírito já deve ter percebido algo nesse sentido. Em suas páginas podemos reconhecer ao menos três ênfases características do ministério, representadas pelas contribuições históricas e particulares de três dos principais apóstolos. Esses três homens, embora com certeza tivessem muita coisa em comum, ainda assim revelam diferenças de ênfase impressionantes o suficiente para sugerir que algo muito original estava sendo confiado por Deus a cada um deles. Faço alusão, claro, às contribuições especiais de Pedro, Paulo e João. No Novo Testamento, é possível traçar três linhas de pensamento, expressas, sem dúvida, em medidas variadas por todos os apóstolos, mas definidas e ilustradas de modo especial pelas contribuições singulares desses três.

Deve-se observar que o caráter distinto dos três ministérios desses homens é em parte cronológico — cada apóstolo trazendo à tona, no curso da História, uma ênfase própria e nova. Ademais, a diferença com certeza nunca chega a ponto de separar os três homens uns dos outros, ou de colocá-los em conflito uns com os outros, pois o que cada um tem não é algo que se opõe, mas, sim, que complementa o que têm os demais. Além disso, talvez a diferença entre eles esteja menos no ministério de cada um como um todo do que no registro feito para nossa instrução desses ministérios. Contudo, penso ser possível demonstrar que os elementos ou temas a que se dedicam Pedro, Paulo e João e que perpassam todas as Escrituras indicam três ênfases históricas principais conferidas por Deus a seu povo para todos os tempos. Os muitos e diversos ministérios do Novo Testamento — por exemplo, os de Filipe e Barnabé, Silas e Apolo, Timóteo e Tiago —, em conjunto com os incontáveis mais que haveriam de se seguir na História, contêm, em proporções diversas, os elementos característicos dos nossos três personagens. Portanto, convém que procuremos compreender o que Deus está nos dizendo por meio das experiências desses homens emblemáticos, e esse será o objetivo do nosso atual estudo.

"Lançando redes ao mar"

Comecemos por Pedro. Em geral se afirma que Marcos, ao escrever seu Evangelho, na verdade registrou as lembranças que Pedro tinha de seu Salvador. Somando-se a elas, contamos com as epístolas do próprio Pedro e, claro, os incidentes de sua vida narrados por outros evangelistas nos quatro Evangelhos e no livro de Atos. Tudo isso junto compõe a contribuição especial de Pedro. Mas e então, qual era seu ministério? Bem, as epístolas por ele escritas com certeza nos indicam como o ministério de Pedro representava em larga escala tudo que constituía o trabalho de um apóstolo. Nos trechos narrativos, contudo, uma coisa talvez sobressaia mais que as outras. Aquilo para o que acho que o Senhor dedicou especial atenção quando, ao chamar Pedro, usou a expressão "pescadores de homens" (Mateus 4.19). Essa haveria de ser sua tarefa distinta, a primeira que lhe tocou desempenhar. Ele deveria levar homens para o Reino, com urgência e em grandes quantidades. Mais adiante Jesus reafirmou isso quando, em Cesareia de Filipe, Pedro confessou ser ele o Cristo de Deus. O Senhor edificaria sua Igreja e mais tarde Pedro seria chamado para o ministério pastoral de "apascentar as ovelhas" (v. João 21.17, *Nova Almeida Atualizada*) nela inserido. Já em relação à Igreja, as primeiras palavras que Jesus lhe dirigiu foram: "Eu darei a você as chaves do Reino dos céus [...]" (Mateus 16.19).

Chave implica, entre outras coisas, entrada, começo. Entra-se por uma porta usando-se a chave para abri-la e para permitir o acesso a outras pessoas. Por conseguinte, o ministério de Pedro sempre girou em torno do início das coisas, e na verdade foi o primeiro com essa característica. A igreja em Jerusalém começou quando 3 mil almas receberam sua palavra, e a de Cesareia quando, em sua presença, o Espírito Santo desceu sobre Cornélio e sua casa. Podemos assim dizer que, quando Pedro se levantou em companhia dos outros 11, abriu a porta para os judeus, e mais tarde, quando pregou Cristo em uma residência romana, abriu-a de novo para os gentios. Portanto, embora em nenhuma dessas ocasiões Pedro estivesse sozinho, pois a comissão sempre se estendeu a outros a seu lado (e mais tarde descobrimos que também Paulo foi um homem escolhido por Deus para ter um ministério ainda mais amplo em relação ao evangelho entre os gentios), a bem da verdade ele foi o pioneiro. No sentido histórico, ele detinha a chave e abria a porta. Sua tarefa consistia em dar início a alguma coisa. Fora ordenado por Deus para dar pontapés iniciais.

A ideia principal da mensagem de Pedro era a salvação — não por si mesma, mas sempre tendo em vista o Reino em plenitude, e em relação a Jesus, seu Rei exaltado. Todavia, quando ele pregou o Reino pela primeira vez, era inevitável ressaltar-lhe não os demais aspectos, mas seu início. A ideia era enfatizar as chaves e a função que elas tinham na apresentação do Reino aos homens. Pode ser mais que uma coincidência o fato de isso estar em harmonia, como dissemos, com os detalhes do chamado de Pedro. Pois ele fora chamado em circunstâncias bem diferentes das de Paulo, e até das de João, como veremos. Uma vez que essas circunstâncias estão registradas nas Escrituras para nosso benefício, não devemos menosprezá-las como fortuitas. Elas são dignas de nota.

Pedro foi chamado quando ainda envolvido com a atividade principal do seu trabalho, qual seja, "lançando redes ao mar" (Mateus 4.18). A ocupação parece lhe ter caracterizado (em sentido figurado) o ministério ao longo de sua vida. Acima de tudo, ele seria um evangelista: alguém que começa alguma coisa pescando homens cheios de vida. Quando se lança uma rede, pescam-se peixes — de todos os tipos. Esse é Pedro; e sem nos esquecermos nem por um instante do amplo leque de coisas que ele fez e escreveu, ainda assim vale dizer que a ênfase principal do que está registrado sobre seu ministério ativo está dito aqui.

"[...] Eram fabricantes de tendas"

Passamos agora para Paulo. Trata-se de um servo do Senhor, mas um servo diferente. Ninguém seria capaz de sugerir que Paulo não pregava o evangelho. Claro que pregava. Fazer outra coisa teria significado repudiar o trabalho pioneiro de Pedro e desprezar o terreno por ele conquistado. Não incorramos no erro de pensar que havia algum conflito básico entre os ministérios desses dois homens, ou que os ministérios dos servos de Deus deveriam ser antagônicos. Ao escrever para os gálatas, Paulo deixa claro que as diferenças entre eles estavam relacionadas com geografia e raça, e que na essência as tarefas de que se desincumbiam eram complementares — e não só por mútuo consenso, mas no valor que tinham para Deus e no testemunho divino (v. Gálatas 2.7-10).

Mas a questão é que chegou o dia em que Paulo foi obrigado a ir além. Se Pedro iniciava, a tarefa de Paulo era *edificar*. Deus lhe confiou de modo especial o trabalho de edificar sua Igreja, ou, em outras palavras, a tarefa de apresentar Cristo em sua plenitude aos homens, e de levar esses homens *em um só corpo* a tudo que Deus tinha em mente para eles em Cristo. Paulo vislumbrara essa realidade celestial em toda a sua grandeza, e sua comissão era edificar o conjunto do povo de Deus de acordo com essa realidade.

Permita-me ilustrar. Você se lembra da visão concedida a Pedro antes que ele partisse para estar com os gentios em Cesareia. Ele viu um lençol descendo do céu, preso pelos quatro cantos e contendo todo tipo de animal, puro e impuro. A visão significava a intenção inclusiva e universal do evangelho, direcionada *a toda criatura*. De novo, esse é Pedro acima de tudo. Seu ministério é do lençol — ou da rede, se você preferir — acondicionando um pouco de tudo em seu interior. Um ministério ordenado por Deus, porque vem até Pedro "do céu" (Atos 11.9). Sua comissão proveniente de Deus, renovada e interpretada em Jope, era arrebanhar tantos quantos possíveis e de todos os tipos para o Salvador.

Já nosso irmão Paulo é diferente no sentido de não ser um homem que segura um lençol, mas, sim, um fabricante de tendas. O lençol da visão de Pedro — de novo, em sentido figurado — converte-se em tenda nas mãos de Paulo. O que eu quero dizer com isso? Que o lençol é algo informe, que ainda não foi "convertido" em nada. Mas agora Paulo entra em cena como um fabricante de tendas e, sob a orientação do Espírito de Deus — dentro dos limites de uma visão que, igual à de Pedro, lhe sobreveio do céu (v. 2Coríntios 12.2-4; Efésios 3.2-10) —, dá ao "lençol" forma e significado. Torna-se, pela graça divina soberana, um edificador da casa de Deus.

Com Paulo, agora não se trata mais de uma questão apenas de grande quantidade de almas salvas, mas de algo que assume uma forma definida. É provável que Paulo nunca tenha experimentado nada parecido com 3 mil almas passando a crer em um dia. Isso era privilégio de Pedro, mas o ministério especial de Paulo consistia em edificar almas tementes a Deus de acordo com a visão celestial que o próprio Deus lhe concedera. O Senhor não se dá por satisfeito com seu povo se convertendo apenas, "indo à igreja", sentando-se para ouvir sermões elaborados e sentindo-se contentes porque a consequência disso tudo é serem bons cristãos. Tampouco está muito interessado nas experiências especiais que eles vivem como a "segunda bênção", a "santificação", a "libertação" (ou sejam quais forem os nomes que recebem) — *como vivências*. Deus tem algo mais em mente para seus filhos, mais que tudo isso — algo na linha de um "novo Homem" do céu. Deus tem em vista, como seu objetivo e propósito de redenção, a união de Cristo, o cabeça, com a Igreja, o corpo, de modo que o todo, Cristo *e* sua Igreja, componha em conjunto um novo Homem — "o Cristo".

É bom consultar as Escrituras a fim de encontrar "*o Cristo*". Que bênção que a única ideia na cabeça de Deus seja seu Filho, Jesus Cristo! Nas Escrituras, muitas vezes ele é "Jesus, o Cristo", e outras tantas vezes, apenas "o Cristo". No entanto, observe com atenção e você descobrirá que o termo é empregado não só para a pessoa do Filho de Deus, mas também para abarcar outros *com ele*. (Veja sobretudo 1Coríntios 12.12.) Que graça imensurável! Deus está assegurando para si muitos filhos redimidos não só como indivíduos, mas como um único povo reunido. Com que objetivo? Para fazer dele, no Filho e com ele, um novo Homem — um todo coeso em que é expressa, por meio de todas essas vidas humanas, a condição de celestial, a vida e a glória dos Filhos benditos de Deus.

Esse é o tremendo propósito de Deus; e Paulo foi por ele chamado de maneira especial para ser o despenseiro desse mistério, tanto para apresentá-lo quanto para conduzir o povo de Deus a ele. Dizendo isso, não temos a menor intenção de depreciar o ministério de Pedro. Não sugerimos que o evangelismo deveria ter menos que seu pleno espaço. Mas o que todos precisamos compreender é isto: o ministério especial de Paulo é o complemento necessário para o de Pedro. Paulo vai além de Pedro, mas não para seu aniquilamento ou descrédito. Até o irmão Pedro, com toda a sua crescente compreensão da "casa espiritual" de Deus (v. 1Pedro 2.4-9), reconheceu que em certa medida Paulo o ultrapassara nessa questão. É muito bom ler os versículos de encerramento de sua última carta, em que ele se refere à "sabedoria" concedida a Paulo e então prossegue para classificar os escritos de Paulo junto das "outras Escrituras" (v. 2Pedro 3.15,16). Talvez tenha necessitado de graça para isso, mas Pedro chegara a um ponto em que via, no plano divino, que o ensino de Paulo era de fato complementar ao seu.

"[...] Ai de mim", disse Paulo, "se não pregar o evangelho!" (1Coríntios 9.16). E buscou auxílio divino para se desincumbir dessa tarefa até os extremos mais longínquos do mundo romano. Todavia, onde quer que pregasse, o intuito não era se deter ante o primeiro efeito causado pela pregação, mas seguir em frente até seu máximo propósito nos santos. Pois ele era um edificador na essência. De fato, como ele próprio diz, Paulo era um "arquiteto" (v. 1Coríntios 3.10). Estabeleceu a fundação — sim, a fundação de Jesus Cristo — e então foi além e edificou sobre ela. Tentar construir em cima de qualquer outro alicerce o desqualificaria por completo, insistiu ele. No entanto, mesmo resolvida essa questão, Paulo percebeu que também é importante o caráter da edificação. Importa muito como você constrói, e com quais materiais. Não pode haver mão de obra inferior na casa de Deus, nem arremedos. Deus queria seu povo ligado em amor, estruturado e edificado em um templo santo no Senhor, apropriado para revelar e exibir as glórias do seu Filho. Esse foi o objetivo que Paulo, por meio do seu ministério, estabeleceu diante de todos nós. Todas as lições de sua vida conturbada e toda a rica contribuição de seus vários escritos, cobrindo, como de fato cobrem, um leque tão amplo de tempo, espaço e ação, têm este único fim em vista: que Cristo pudesse ter para si a Igreja gloriosa pela qual morreu.

"Consertando as redes"

Mas no fim aconteceram contratempos e decepções. Na carta por ele endereçada aos filipenses, Paulo nos conta por quê: "Pois todos buscam os seus próprios interesses", diz ele, "e não os de Jesus Cristo" (Filipenses 2.21). Escrevendo pouco depois a Timóteo, ele diz acerca dos santos de uma província romana que "todos os da província da Ásia" o haviam abandonado (v. 2Timóteo 1.15). Quem são esses cristãos da Ásia? Alguns são justo aqueles que o próprio Senhor desafia em seu Apocalipse. Sete igrejas representativas da província asiática são interpeladas, acreditamos que porque, no estado espiritual em que se encontram, tipificam as igrejas de toda essa era (v. Apocalipse 1.11). Pois já naquela época, aos olhos de Deus, todas as igrejas do primeiro período neotestamentário pareciam ter abandonado o padrão divino e davam a impressão de ter perdido certo sentido do propósito divino.

Nesse ponto, Deus convoca a presença de João. Até então, ao menos até onde vai o registro escrito do Novo Testamento, ele permanecera em segundo plano. Mas, sem Paulo, o Senhor agora traz à luz seu vaso mais remoto de ministério e, com ele, uma ênfase revigorada e distinta de modo que satisfaça uma nova necessidade.

O ministério de João é bem diferente do de Pedro. João não recebera comissão pessoal ou singular, como ocorrera com Pedro, com o intuito de originar alguma coisa. Tanto quanto nossos registros nos dizem, o Senhor só o usou no início, em conjunto com Pedro. Tampouco se mostra que lhe tenha sido confiada de alguma maneira distintiva a tarefa de tornar conhecido o mistério da Igreja. Sem dúvida, João estava envolvido em sua fundação tanto quanto os demais apóstolos (v. Efésios 2.20), mas nisso também seu chamado nada tinha de singular em nenhum sentido. Em termos doutrinários, ele nada tem para acrescentar à revelação dada por intermédio de Paulo. No ministério paulino, as coisas de Deus atingem um clímax, um absoluto, e não se pode melhorar isso. A preocupação de Paulo é com a completa realização dos planos divinos formados na Divindade antes da fundação do mundo. Os planos para seu Filho — para a redenção e glória do homem — Deus fez que se desdobrassem de era em era, vislumbre a vislumbre, até que, por fim, na presente era especial da graça, ele fosse inteiramente manifesto no nascimento e morte, ressurreição e exaltação do seu Cristo. A apresentação desse plano em sua totalidade e sua completa realização no povo de Deus eram o encargo especial de Paulo. Sua tarefa consistia em expressar, para benefício de todos nós, algo proveniente do coração de Deus — algo vindo das eternidades, agora trazido à luz no tempo. Portanto, para aperfeiçoar o que Deus confiara a Paulo, você teria de aperfeiçoar Deus, e isso é inconcebível. O plano divino é absoluto.

Então por que somar João a Paulo? Que necessidade há desse ministério adicional? A resposta é que, no fim do período neotestamentário, o inimigo da nossa alma encontrou acesso à casa de Deus e fez que o povo que lhe era próprio, ninguém menos que os herdeiros da redenção, se desviasse dos caminhos do Pai. Até aqueles aos quais fora confiada a visão "efésia" falharam e se afastaram, e, na verdade, a igreja em Éfeso foi pioneira nesse fracasso. Se você comparar a primeira epístola aos Efésios com a segunda — a de Paulo com a de Jesus por intermédio de João (v. Apocalipse 2.1-7) —, verá que as duas mostram onde estavam aquelas pessoas. Algo terrível aconteceu, e agora João é introduzido na história e comissionado — para quê? Não para continuar conduzindo, mas para restaurar. Você descobrirá que, ao longo do Novo Testamento, o ministério de João é sempre de restauração. Ele não diz nada surpreendente de tão novo e original. Não introduz nada de mais (embora seja verdade que em Apocalipse ele leve o que já fora dado a termo). Seja no Evangelho, seja nas epístolas ou em Apocalipse, João se distingue pela preocupação em devolver o povo de Deus à posição que tinha perdido.

Mais uma vez, isso está em conformidade com as circunstâncias do chamado de João para ser um discípulo. Pedro foi chamado a seguir Jesus quando lançava uma rede ao mar; Paulo (presume-se) já era fabricante de redes de profissão quando Deus o denominou "meu instrumento escolhido" (Atos 9.15); e João foi chamado de maneira bem diferente outra vez. Ele era pescador igual a Pedro, mas, ao contrário dele, não estava no barco, e sim na margem do lago no momento de seu chamado. A Bíblia nos diz que ele e seus irmãos estavam "consertando as redes" (Mateus 4.21, *Nova Tradução na Linguagem de Hoje*). Quando você resolve consertar alguma coisa, procura devolver essa coisa à condição original. Algo foi danificado ou se perdeu, e sua tarefa consiste em repará-lo e recuperá-lo. Esse é o ministério especial de João. Ele está sempre nos levando de volta para o original divino.

Talvez essa declaração pareça exigir mais explicações; deixaremos, no entanto, que elas se apresentem no devido tempo. E, para que não se pense que damos exagerada importância à coincidência das ocupações seculares dos três apóstolos, diga-se de imediato que consideramos tais detalhes, cujo registro vem bem a calhar, disso não resta dúvida, meros cabides oportunos nos quais penduramos nossas ideias e que nos ajudam a fixar na cabeça as razões infinitamente maiores pelas quais cada um desses homens se colocou como servo de Deus.

Temos então à nossa frente três homens bastante representativos. Temos Pedro, preocupado antes de mais nada com a colheita de almas; temos Paulo, sábio construtor, edificando de acordo com a visão celestial a ele concedida; e então, quando o fracasso se anuncia, temos João, introduzido para reafirmar que existe um propósito original ainda em vista. Um propósito que, na cabeça de Deus, jamais foi abandonado. Ele continua pretendendo realizar alguma coisa e dessa intenção nunca se demoverá.

O sentido prático do que viemos dizendo é este: esses três ministérios complementares e inter-relacionados são necessários para fazer a Igreja perfeita. O ministério de Pedro é indispensável para dar início às coisas em qualquer situação que se considere; o ministério de Paulo é indispensável para edificar sobre esse começo; e o ministério de João é indispensável para trazer coisas de volta, onde isso se fizer necessário, em linha com a intenção original de Deus. Poucos negarão que hoje convivemos com a necessidade de cada um desses três ministérios, ou que o terceiro, da recuperação, talvez represente a maior carência no atual período de encerramento da nossa era. Portanto, só temos a ganhar examinando em detalhes mais práticos alguns dos pontos-chave de cada ministério, dando especial atenção às implicações presentes do último dos três.

Cada qual a seu tempo, consideraremos alternadamente, nos capítulos que seguem, Pedro, Paulo e João — primeiro os homens em si e depois seus ministérios característicos de iniciação, construção e recuperação. Ao fazê-lo, permitamos ao Espírito de Deus que nos lance por intermédio deles seu próprio desafio pessoal para o nosso coração.

CAPÍTULO 2

Pedro — e o Caminho

Um dos aspectos que golpeiam com mais violência qualquer leitor dos capítulos iniciais do livro de Atos é a autoridade indiscutível com que o apóstolo Pedro proclama o evangelho da salvação por meio de Jesus Cristo. Ele é o primeiro grande exemplo do evangelista efetivo. Ouça quando ele chama a atenção dos homens para Deus: "[...] 'Homens da Judeia e todos os que vivem em Jerusalém, [...] Ouçam com atenção:' [...] 'Arrependam-se, e cada um de vocês seja batizado' [...]. 'Salvem-se desta geração corrompida!' " (Atos 2.14,38,40). "[...] 'Autoridades e líderes do povo! [...] saibam os senhores e todo o povo de Israel [...]. Não há salvação em nenhum outro [...]. Pois não podemos deixar de falar do que vimos e ouvimos' " (4.8,10,12,20). Em frases impressionantes como essas, ouvimos Pedro falar como um arauto do Reino, proclamando aos homens o caminho da vida; e vemos Deus autenticando-lhe as afirmações pela presença manifesta junto a ele do Espírito Santo, bem como pela obra profunda e duradoura de convencimento do pecado engendrada em seus ouvintes.

Sendo assim, é importante que compreendamos, antes de mais nada, o que qualificava Pedro para se tornar porta-voz do Senhor Deus. Pois, antes que Pedro pudesse falar, tinha de ouvir; antes que pudesse servir de guardião das "chaves do Reino dos céus" (Mateus 16.19), tinha de encontrar sobre o próprio dorso as exigências do Reino.

Qual o significado da palavra "reino"? O domínio de um rei, sem dúvida. A esfera da sua autoridade, do seu reino. Portanto, quando Jesus entra em seu Reino, entra no lugar de poder. Onde quer que a soberania do Senhor Jesus seja reconhecida, ali está seu Reino; e, onde quer que essa soberania não seja reconhecida, ali seu Reino ainda não chegou. Se o Reino de Deus há de ser estabelecido na terra, os homens precisam ser conduzidos para debaixo do governo inquestionável de Deus. O homem tem de se curvar à autoridade absoluta, ao domínio e ao governo soberano de Jesus Cristo. É o *seu Reino* que virá.

Por conseguinte, é muito útil observar o que se seguiu à narrativa dos Evangelhos da promessa dirigida a Pedro acerca das chaves do Reino. Primeiro aconteceu um contratempo em que esse discípulo demonstrou com clareza não ser ainda um súdito consistente do Reino, mas, sim, uma pedra de tropeço para seu Senhor. Seguiram-se algumas palavras chocantes, dirigidas por Jesus a todo o grupo de seus discípulos, acerca do Filho do homem "vindo em seu Reino" (Mateus 16.28). E então, decorridos poucos dias apenas, essas mesmas palavras encontraram expressão visível no monte da Transfiguração, quando Pedro lhes sentiu a força de uma maneira especial.

Conhecemos bem o incidente. Jesus foi transfigurado diante deles, apresentando à vista deles, durante alguns instantes, o Reino em sua natureza e essência — embora, claro, ainda não em sua plena dimensão — na pessoa do Rei. Uma reação espontânea irrompeu de imediato em Pedro. Embora sem saber o que estava dizendo (v. Lucas 9.33), mas sempre pronto a dizer alguma coisa, propôs que construíssem três tabernáculos, um para Jesus, outro para Moisés e o terceiro para Elias.

O Pai intervém

Três tabernáculos — não um! Percebe o significado da brilhante sugestão de Pedro? Havia dois homens excelentes com Jesus no monte — excelentes não só em si mesmos, mas pelo que representavam. Lá estavam Moisés representando a Lei e Elias em nome dos Profetas. Ao propor que prolongassem a experiência no topo do monte, Pedro providenciaria tudo para ambos, ao lado do Senhor. Claro, ocupariam posição inferior, mas, de qualquer forma, teriam certo *status* ao lado de Jesus e estariam em situação de autoridade respeitável.

Acontece que no *Reino* não se pode fazer isso! Não pode haver mais de uma autoridade. Não há lugar para uma infinidade de vozes. Só pode haver uma Voz. Foi para ressaltar essa lição que, "[e]nquanto ele estava falando" (Lucas 9.34), o Pai interveio com o equivalente a uma repreensão. Interrompendo Pedro, como quem diz "Não está na hora de você falar; em vez disso, ouça", ele lhe apontou o único que tem o direito de falar no Reino. "[...] 'Este é o meu Filho [...] ouçam-no!' " (v. 35) Em outras palavras: "Tudo no Reino depende de Jesus Cristo falar e de você dar a máxima atenção às palavras dele".

Dissemos que Moisés e Elias representam a Lei e os Profetas. A Palavra de Deus deixa claro que agora, com a vinda do Reino, tais coisas dariam lugar a ele. "A Lei e os Profetas foram até João: a partir de então, o evangelho do Reino de Deus é pregado, e todo homem entra nele violentamente" (Lucas 16.16).[1] Pela própria natureza, o Reino se sobrepõe a ambos. Se ainda houver Lei, não existe Reino; se ainda houver Profetas, não existe Reino. A Lei e os Profetas devem dar lugar ao Reino de Jesus Cristo; não podem reivindicar igualdade de posição com ele. Não devem lhe usurpar a autoridade. Por isso o discurso de Pedro foi silenciado de repente pela intervenção divina. Sua sugestão foi deixada de lado por uma proclamação precisa e deliberada do próprio céu, pois toda a base do Reino estava em jogo; o alicerce mesmo do cristianismo estava envolvido. Se o Reino precisa vir, então Moisés deve lhe ceder lugar, e o mesmo vale para Elias. Apegando-se à Lei e aos Profetas, você renuncia ao Reino e, se ficar com o Reino, tem de renunciar à Lei e aos Profetas.

Raciocinemos um pouco mais sobre o assunto, pois queremos ser bem práticos e, ao mesmo tempo, precisamos tomar cuidado para não cometer nenhum erro. O que é a Lei? E o que são os Profetas? Claro, no sentido com que são empregados pelos judeus, esses termos permaneceram juntos ao longo do Antigo Testamento inteiro. Aliás, precisamos ter claro, antes de mais nada, que o Senhor Jesus nunca, nem por um momento, propôs que eles fossem postos de lado por completo. (Veja, por exemplo, Mateus 5.17,18 e Lucas 24.27,32,44.) Não, acredito que precisamos nos aprofundar um pouco mais na análise em busca dos princípios em jogo aqui.

---

[1] Tradução livre da *American Standard Version* (*ASV*) em inglês. [N. do T.]

A Lei é a palavra escrita que expressa a vontade de Deus; os Profetas são homens vivos que também expressam essa vontade. Na época do Antigo Testamento, em geral Deus manifestava sua vontade aos israelitas por outro desses meios. Pois Deus não habitava no coração do homem, mas no inacessível Lugar Santíssimo. Como então seria possível ao homem questioná-lo? Primeiro, ele podia fazer isso recorrendo à Lei. Suponhamos que desejasse saber o procedimento adequado para lidar com a lepra ou com a impureza pelo contato com um corpo sem vida, ou se poderia ou não se alimentar de determinada espécie de animal ou ave. Esse homem levaria sua pergunta ao livro da Lei. Encontraria a resposta graças a uma busca cuidadosa, e isso sem fazer menção direta e pessoal do próprio Deus. Mas imagine, em vez disso, que ele quisesse saber se deveria ou não empreender determinada viagem a certo lugar. Poderia ler a Lei do início ao fim e não descobriria em parte alguma nem mesmo a citação do nome do seu possível destino. O que faria então? Procuraria um profeta e diria: "Faça a gentileza de perguntar ao Senhor por mim se devo ou não empreender essa viagem". Nesse caso, de novo a resposta lhe chegaria em segunda mão, por assim dizer. Ele não tinha nenhuma autoridade para ir diretamente a Deus. Fosse por meio da Lei ou dos Profetas, o conhecimento sempre lhe chegava por vias indiretas, por meio de um livro ou de um homem, nunca mediante revelação direta do próprio Deus.

Mas isso não é cristianismo, que implica sempre conhecimento pessoal de Deus por intermédio do seu Espírito, não apenas saber sua vontade por meio de um homem ou de um livro. Muitos cristãos têm hoje um conhecimento teórico de

Cristo; de fato, eles o conhecem com a mediação do livro escrito por Deus, mas não mantêm um relacionamento vital com ele. Pior ainda, muitos só o conhecem de "ouvir falar", pelo pastor ou outro homem qualquer, mas não estão em comunicação direta com ele. Seu conhecimento é exterior, não interior. Permita-me, pois, declarar solenemente que qualquer coisa menos que uma revelação pessoal e interior do Senhor não é cristianismo. Quando procuravam tomar conhecimento da vontade de Deus sob a antiga aliança, os homens ficavam limitados à Lei e aos Profetas. Sob a nova aliança, contudo, Deus prometeu que "não ensinarão cada qual seu concidadão, e cada qual seu irmão, dizendo: 'Conheça o Senhor'; pois todos me conhecerão em si mesmos, do menor ao maior entre eles" (Hebreus 8.11).[2] "Vocês o conhecerão em si mesmos", e conhecendo-o desse modo será desnecessário recorrer seja a um "irmão", seja ao "próximo" para obter informações relacionadas com o Senhor. O cristianismo se baseia não em informação, mas em revelação. Foi desse ponto que o Senhor partiu com Pedro na passagem que estamos estudando: "[...] 'Feliz é você, Simão [...]! Porque isto não foi revelado a você por carne ou sangue, mas por meu Pai que está nos céus' " (Mateus 16.17). O Reino de Deus está alicerçado em um conhecimento pessoal do Senhor, o qual vem pelo falar dele direto a você e a mim e, da nossa parte, por ouvi-lo diretamente.

Com isso, em termos práticos, hoje temos as Escrituras representadas por Moisés e o mensageiro humano vivo

---

[2] Tradução livre da *New Translation*, de J. N. Darby, utilizada no original como indicado. [N. do T.]

representado por Elias, que nunca experimentou a morte. Ambos esses dons conferidos por Deus a cada um que crê estão entre os fatores mais preciosos a contribuírem com nossa vida cristã: o Livro de Deus em nossa mão para nos instruir e o amigo que vive junto do Senhor e que com frequência pode nos tornar conhecido o que o Senhor lhe tem revelado. O Livro está sempre certo; o conselho de um amigo costuma estar também. Necessitamos do Livro de Deus e dos profetas de Deus. Ele não nos permitiria descartar nem um nem outro. Todavia, a lição desse incidente sobre o monte da Transfiguração com certeza é de que nenhum dos dois pode tomar o lugar da voz viva de Deus falando ao nosso ouvido.

Não ousamos desprezar as mensagens divinas. Necessitamos mais e mais vezes do desafio espetacular da elocução de uma palavra profética de verdade ou da tranquilidade da instrução espiritual madura. Mas não nos comprometemos total e exclusivamente com a revelação que chega por meio de homens santos de Deus, por sólida que seja. Por dever de ofício, estamos obrigados a ouvir a voz do Senhor e a segui-lo.

Menos ainda nos atrevemos a desprezar a Palavra escrita de Deus. As Escrituras da verdade, inspiradas por Deus, são vitais para nossa vida e progresso. Não viveríamos — não ousamos fazê-lo — sem elas. Não obstante haver entre nós quem talvez corra o risco de se voltar para a letra da Palavra mais que para o próprio Jesus Cristo como nossa autoridade final. O que a Bíblia diz, determinamo-nos a implementar, religiosa e detalhadamente, e Deus pode nos honrar por isso. Todavia, se ao agirmos assim formos além e elevarmos a Bíblia a uma posição na qual o uso que fazemos dela desafia até o senhorio de Cristo, podemos correr o risco de permanecer em trágico desacordo com ele.

De fato, o Reino é mais que isso. Envolve, pelo lado positivo, o reconhecimento da autoridade absoluta de Cristo e, pelo lado negativo, o repúdio a toda autoridade, exceto a divina, como definitiva. Requer uma inteligência pessoal e em primeira mão da vontade de Deus que abarca os outros auxílios concedidos por Deus, mas não acaba neles. O cristianismo é uma religião revelada, e essa revelação tem sempre caráter interior, direto e pessoal. Essa foi a lição que Pedro teve de aprender. No Reino, só há uma Voz a ser ouvida, seja qual for o meio pelo qual ela se manifeste. Ainda conto com as Escrituras impressas e a palavra "profética" dos meus irmãos (pois Moisés e Elias estavam lá, no monte!). O cristianismo não independe de homens e livros — longe disso. Mas o caminho do Reino é que o "Filho bendito" fala pessoal *e diretamente* comigo, e que eu o ouça da mesma forma: pessoal e diretamente.

O Filho intervém

Esboçamos alguns detalhes do que sinto ser uma lição fundamental no treinamento de Pedro como servo de Deus. Temos agora de observar dois casos em que essa lição é aplicada primeiro à questão prática do contato pessoal com os homens e depois então à comunicação do evangelho para eles.

Sempre tive a impressão de que Pedro foi um homem com quem era fácil conversar. Nada mais simples que envolvê-lo em conversas em que ele próprio acabava enredado, como mais tarde provou a criada no pátio da casa do sumo sacerdote. Agora, pouco depois dos acontecimentos discutidos aqui, alguém se aproximou dele para fazer uma pergunta sobre Jesus, à qual ele respondeu de imediato: "[...] 'O mestre de vocês não paga o imposto do templo?' 'Sim, paga', respondeu ele" (Mateus 17.24,25). Como quem diz: "Claro! Naturalmente. Por que não haveria de pagar?". Tendo dito isso, segundo nos é relatado, ele foi para a casa onde Jesus se achava.

Quero agora que você observe com toda a atenção o que a Bíblia diz em seguida. Mateus nos conta que "Jesus foi o primeiro a falar, perguntando-lhe [...]" (v. 25). Ao que tudo indica, Pedro estava prestes a abrir a boca para dizer alguma coisa do tipo: "Mestre, eles vieram por causa do imposto do templo. Nós o pagamos, não?". Na verdade, quase podemos sentir que ele estava prestes a dizer ao seu Senhor o que ele devia fazer!

Jesus, porém, antecipou-se a esse discípulo com uma declaração de sua real posição. O pagamento daquele imposto era mesmo exigido dele? Com certeza, não! Os filhos do Reino são livres desses tributos. Nenhuma obrigação lhes é imposta de pagar as duas dracmas. Ah, mas espere um minuto! Isso não significa dizer que, nesse caso, o tributo ficará sem ser pago. O compromisso que a impetuosidade de Pedro assumiu para Jesus será quitado na íntegra pelo Senhor, que responderá com um milagre gracioso à situação criada pela impulsividade do seu discípulo. Mas que fique claro para Pedro uma coisa: Jesus salda a dívida não com base em uma necessidade moral, mas por pura graça.

Aqui, então, está o novo princípio com o qual o Senhor confronta seu servo, um princípio relacionado diretamente com a questão do nosso contato com homens ainda fora do Reino. O que deveria governar nossas relações com eles a fim de que possam ser conquistados para o Senhor? Nesse caso, como sempre, não é a vontade de Deus, como ela pode nos ter sido revelada em seu intuito máximo, mas, sim, essa vontade conforme expressa antes de mais nada em termos da cruz de Cristo. Deus nunca estipulou que seu Filho pagaria o imposto do templo. Aliás, como Filho de Deus, não havia a menor necessidade de que ele tomasse atitude alguma em relação a isso. De fato, podemos ter a impressão de que, para ele, pagar o imposto significaria colocar-se na posição de um "estrangeiro", coisa que ele não era. Então por que ele o fez? "[...] para não escandalizá-los" (Mateus 17.27). Já ocorreu a você que o próprio Filho de Deus proferiu essas palavras? Claro, em momento algum se poderia questionar que ele fugisse a uma obrigação; não era esse *o* problema aqui. Na verdade, a situação *era bem* diferente: tratava-se da questão de ele abrir mão de um privilégio, isso sim. Esse é o caminho da cruz, e o princípio envolvido, significativo e pungente.

Repense. Temos aqui duas exigências a nós direcionadas que, ao menos na superfície, podem parecer conflitantes. Por um lado, as palavras do Senhor deixam perfeitamente claro que a vontade de Deus para nós, os filhos, é que sejamos livres. Chamemos isso de "Vontade A de Deus". Por outro lado, é-nos apresentada uma expressão diferente da sua vontade na cruz de Cristo: uma vontade a requerer que, ainda que nos custe alguma perda, renunciemos ao que poderíamos usufruir a fim de que outras pessoas não se ofendam. Chame isso de "Vontade B de Deus".[3] Como conciliamos

---

[3] Em outras palavras, a distinção que busco estabelecer é, no primeiro caso, um assunto entre o Senhor e nós — Vontade A — e, no segundo, um assunto

esses dois princípios conflitantes, A e B, a dispensa de uma obrigação e o sacrifício do privilégio?

Primeiro, quero deixar claro que com isso não estamos fazendo provisão para o temor do homem. Esse temor é uma arapuca da qual precisamos ser libertos. Em relação às obrigações, o temor do homem não tem lugar, só o temor de Deus. Todavia, em relação aos privilégios, podemos temer legitimamente a fim de que, ao reivindicarmos nossos direitos, não nos tornemos culpados de levar os homens a tropeçarem. Muito do que Deus nos mostra em nível pessoal aparece sob o cabeçalho Vontade A — coisas que, como filhos de Deus, esperaríamos ter liberdade para (ou ser desobrigados de) fazer. No entanto, se tentamos envolver-nos com elas, deparamos com dificuldades com nossos pais ou família, nossos empregadores ou talvez com outros servos de Deus, sendo então compelidos a levar em consideração a Vontade B. Temos o direito de sermos dispensados de determinadas coisas, mas Deus também tem algo a nos dizer sobre não ofender ninguém. Que princípio seguiremos?

Em sua Palavra, o Senhor nos tem falado, de um lado, sobre "deixar tudo e segui-lo"; contudo, por outro lado, ele nos fala sobre a obediência aos pais e ao marido, sobre a consideração pela esposa e filhos, sobre a sujeição um ao outro em amor. Ousaremos ignorar as últimas ordenanças? Quase pareceria que a vontade de Deus entra em conflito consigo

---

entre o Senhor, nós e os outros — Vontade B. A primeira vontade é direta, entre mim e Deus; a outra se complica diante da necessidade, imposta a mim por Deus, de considerar também um terceiro elemento. Tal consideração deve ter em vista a relação dos componentes desse grupo, ou sua relação potencial, com Deus, mais do que comigo.

mesma nesse ponto, mas não pode ser o caso, em última análise. Nós também, lógico, se um dia decidimos servir a Deus como o Filho serviu ao Pai, preferimos a Vontade A à B como por instinto, pois a última traz em si um elemento humano conflitante com nossa concepção desse serviço, o que nos desagrada. Preferiríamos nos agarrar à Vontade A — nenhum imposto a ser pago — a qualquer custo. Todavia, o que nos faz recuar não é apenas o elemento humano, pois, repito, é Deus quem impõe a Vontade B. Quero sugerir que, onde quer que haja provisão na Palavra de Deus sob o título Vontade B, o princípio divino é que cumpramos a Vontade B antes da Vontade A, agindo assim com fé de que o próprio Senhor acabará por fazer que a Vontade A sobrevenha. Não se trata de abandonar a Vontade A, mas de entregá-la ao Senhor. Porque o próprio Filho assim agiu, então devemos fazê-lo.

Nosso coração costuma ser de tal forma arrebatado pela Vontade A — a liberdade e o chamado dos filhos — que nos imaginamos na obrigação de avançar a qualquer custo. Por isso nos descobrimos disparando pontapés contra tudo e contra todos pelo caminho. Como consequência, muito em breve somos privados do nosso descanso e da bênção de Deus. O remédio que ele tem para isso consiste em lembrar-nos mais uma vez da atitude do seu Filho. O Senhor Jesus não tinha nenhuma necessidade, em absoluto, de se privar da posição elevada que ele tinha *pela vontade de Deus* — no entanto, "esvaziou-se a si mesmo" (Filipenses 2.7). Por pura graça, abriu mão de suas preferências e entregou a alma justo à morte de cruz por nossa causa. Lembre-se de suas palavras diante da grande crise no jardim: "[...] 'Meu Pai, se for possível, afasta de mim este cálice; contudo, não seja como eu quero, mas sim como tu queres' " (Mateus 26.39). Elas revelam o que ele, na condição de Filho, preferiria naturalmente, mas de que, como Salvador, se privaria. Qualquer que fosse o custo para si, *era-lhe impossível não fazer a vontade de Deus.*

Pois a vontade de Deus jamais conflita de verdade consigo mesma. Está por trás de "A" ou "B" como está por trás do "cálice". Se nos envolvemos com o "cálice" — com seus prós e contras, os efeitos e contingências envolvidos na obediência ao Senhor —, corremos o sério risco de não satisfazermos a vontade do Pai. Por outro lado, se tentamos seguir em frente ao nosso modo, desviamo-nos do caminho da cruz. Nossa atitude deveria ser: Deus me mostrou isso, mas estou perfeitamente preparado para ser contrariado, limitado, refreado se preciso for, e para *aceitar o tempo de Deus*. Preciso me submeter à sua Vontade B e confiar nele para fazer que sua Vontade A sobrevenha inteira. Não há necessidade de que eu fique insistindo no assunto. Posso confiá-lo ao Senhor com toda a segurança. Isso, para mim, é tomar a minha cruz (v. Mateus 16.24).

Há dois lados desse tomar a cruz. O primeiro e óbvio é que a cruz de Cristo anula nossa vontade. Reconhecemos o fato e anuímos. A partir de então, decidimos servir a Deus e somente a Deus. Mas, uma vez estabelecido isso em princípio, encontramos um problema. Um dia pode nos parecer inconfundível que é a vontade de Deus para nós que façamos determinada coisa. Nosso coração responde ao estímulo a que então nos entregamos. Não temos nenhuma dificuldade, pois desejamos de fato a vontade do Senhor. Mas ai de nós! Pouco depois descobrimos que o que nos foi revelado como sua vontade se frustra por força dos acontecimentos ou, com grande frequência, por outras pessoas. Com isso, claro, nossa vontade sincera e devotada também precisa ser anulada — e isso é coisa de que não gostamos nem um pouco! Esse é o segundo e muitas vezes inevitável efeito de tomar a cruz.

Permita-me ilustrar o que estou dizendo. Quando eu era um jovem universitário em Foochow, Deus me mostrou que eu devia passar as férias em uma ilha infestada de piratas para pregar o evangelho. Seria um passo de fé que exigiu muita luta da minha parte a fim de que me dispusesse a ir. Visitei a ilha e encontrei um povo receptivo. Com grande dificuldade, aluguei uma casa, mandei repará-la e preparei tudo. Cem irmãos oravam em meu favor, e muitos ainda por cima haviam doado dinheiro para as minhas despesas. Todo esse tempo meus pais não tinham dito nada, mas então, cinco dias antes de eu partir, já de malas prontas, de repente eles se intrometeram e me proibiram de ir! O conserto da casa terminara, o dinheiro fora gasto, a vontade de Deus ardia em meu coração. O que fazer? Pessoas tementes a Deus, meus pais disseram *"Não"*. Eu ainda era estudante, e Deus dissera: "Honra teu pai e tua mãe" (v. Mateus 19.19). Busquei uma luz de Deus, e ele respondeu: "Sim, de fato esse plano é a minha vontade, mas nunca tive a intenção de que você cumprisse essa vontade por meio de violência. Espere, e *eu* operarei minha vontade. É certo que você se sujeite a seus pais". Não me senti livre para explicar às pessoas a razão da minha mudança de planos — que meus pais haviam me barrado. Receei que fizessem mau juízo de mim. Causou-me profunda mágoa quando a pessoa cuja opinião eu mais valorizava comentou:

— Será difícil confiar em você no futuro.

No tempo de Deus, o caminho para a ilha *foi* aberto, e sua vontade de que as almas daquele lugar fossem ganhas se realizou. Mas a experiência me ensinara uma lição importante. Eu já *me afeiçoara* a essa vontade! Não ir foi difícil. Machucou-me, o que demonstrava que essa expressão particular da vontade de Deus na verdade corria o risco agora de se tornar minha vontade de uma maneira possessiva; entranhara demais em mim. Eu estava decidido a ir. Se eu tivesse o desejo puro de que só a vontade de Deus fosse feita, o contratempo não me afetaria como aconteceu. Haveria um desapego de espírito. De modo que Deus precisou consentir no desapontamento, acompanhado da respectiva incompreensão, a fim de me ensinar essa lição valiosa.

Se algo é revelado na Palavra de Deus, não nos atrevemos a deixá-lo de lado; temos de nos sujeitar. Se a Palavra escrita de Deus — "honra teu pai e tua mãe" — anula a Vontade A, devemos esperar por ele para promover seu cumprimento. Deus não precisa de ajuda para isso. Procura nos mostrar que não necessitamos pressionar. O eu se intromete com muita facilidade para fazer a vontade divina, mas Deus tem seu tempo e a realizará a seu próprio modo. O eu é alimentado e nutrido porque anunciamos: "Estou fazendo a vontade de Deus". Em nossa ânsia, pensamos que nada neste mundo o impediria — mas então o próprio Deus põe alguma coisa em nosso caminho a fim de se opor a essa atitude. O mais difícil e doloroso para a cruz é abrir caminho em nosso zelo pela vontade de Deus e amor por sua obra. Precisamos aprender que, até para o Senhor Jesus, a cruz era a Vontade B — algo que, embora lhe cruzasse o caminho, as Escrituras revelavam ser na verdade o caminho divinamente escolhido para a concretização da Vontade A (v. Lucas 18.31-33). Só Jesus poderia ter se desviado da cruz, mas, se a ideia era que as pessoas participassem com ele do Reino, ela era necessária. Esse com certeza é o sentido de suas palavras em João 17.19:

"Em favor deles eu me santifico [...]". O Reino e o trono representavam a Vontade A para ele, mas a cruz era o caminho até o destino. Você e eu podemos estar 100% seguros da Vontade A para nossa vida, mas, no caminho até ela, sempre haveremos de encontrar a Vontade B. E, por causa da carnalidade da nossa natureza, de um jeito ou de outro a cruz tem sempre de interferir e lidar com o que é mesmo nosso, a fim de que o resultado possa ser todo de Deus.

Em tudo que dissemos até aqui, nossos olhos estão no Senhor Jesus, não em Pedro. Ele próprio talvez tenha apreendido pouco desse princípio, mesmo que houvesse de chegar o dia em que o compreenderia. Um dia ele não só enxergaria a necessidade da morte do Senhor Jesus em seu favor, como viria a se identificar pessoalmente com essa morte e a se preparar para enfrentar-lhe as implicações práticas na própria experiência. "[...] Quando você era mais jovem, vestia-se e ia para onde queria; mas, quando for velho, estenderá as mãos e outra pessoa o vestirá e o levará para onde você não deseja ir" (João 21.18). Ceder aos *outros* é o que consideramos mais difícil.

Contudo, o Senhor Jesus não continua insistindo em tratar da questão com Pedro dessa vez. Em vez disso, realiza um milagre gracioso, um milagre que com toda a certeza também tinha o propósito de soar como parábola aos ouvidos desse discípulo. "[...] vá ao mar e jogue o anzol. Tire o primeiro peixe que você pegar, abra-lhe a boca, e você encontrará uma moeda de quatro dracmas. Pegue-a e entregue-a a eles, para pagar o meu imposto e o seu" (Mateus 17.27). Isso mesmo, *o meu imposto e o seu*. Já se observou que esse incidente é o único exemplo do Senhor realizando um milagre em benefício próprio. É verdade, mas apenas em parte, pois metade foi em benefício de Pedro — e você e eu podemos acrescentar: "e em meu benefício". Nessas quatro ínfimas dracmas, saldando o imposto do templo por dois homens, temos descrita a união íntima do servo com seu Senhor em uma só Igreja, um só corpo.

E o peixe milagroso? Isso não nos assegura que, quando agimos baseados nos princípios certos em relação à vontade de Deus, os recursos serão supridos pelo próprio Deus? Sempre que o amor precisa ir além do dever, podemos olhar para o Senhor para suprir pelos custos.

O Espírito intervém

Mas ainda não acabamos de analisar Pedro e as interrupções que ele sofreu de maneira tão proveitosa nas mãos de Deus. Ouvimos a voz do Pai intervir no alto do monte, e o Filho ser "o primeiro a falar" dentre todos. Avançamos um instante para Atos 10 e o relato da visita de Pedro à casa de Cornélio. A essa altura, Pedro segue a todo vapor o ministério de sua vida como evangelista. Ele testemunhou o derramamento do Espírito em Jerusalém, quando multidões foram arrebanhadas para o Reino. Superando qualquer hesitação natural que pudesse ter, esteve presente para testemunhar também o derramamento do mesmo Espírito sobre os samaritanos. Agora, há pouco tempo, foi para Jope e teve a estranha visão de um "grande lençol" (v. Atos 10.11) descendo do céu — visão essa coerente de certo modo com seu chamado, mas, ao mesmo tempo, tendo novas e surpreendentes implicações. "[...] 'Não chame impuro ao que Deus purificou' " (Atos 10.15). Estimulado por essas palavras, Pedro parte para Cesareia, mas é difícil evitar a impressão de cautela, de relutância até, criada pela narrativa de sua visita.

Pedro continuava sendo um judeu de coração. Mesmo depois da visão do lençol, ele se dirigiu com relutância e como por compulsão a esse lar gentio. Ali compareceu na condição de servo disciplinado, ainda que um tanto desconcertado, de Deus. Por dentro, no entanto, parecia permanecer, de certo modo, arredio. Ainda não estava inteiramente comprometido e poderia com muita facilidade, naquele instante mesmo, atrapalhar os caminhos do Senhor.

Lá estavam também dois irmãos com ele — bons homens de Jope, mas, claro, carentes da impressionante visão pessoal que Pedro recebera três vezes no terraço da casa. Como reagiriam? Não só eles, mas também os colegas de Pedro, apóstolos mais ortodoxos e anciãos em Jerusalém? Não surpreenderia se sua mente abrigasse alguma ansiedade real acerca das possíveis reações que teriam a partir do momento em que ouvissem falar de sua visita.

Assim, Pedro abriu a boca e deu início ao seu sermão. Não deixou nada de fora da mensagem que pregou. O resumo feito por Lucas revela uma narrativa bem elaborada dos pontos essenciais do evangelho. Fica claro, no entanto, que Pedro não chegou nem à metade do que pretendia dizer! Segundo sua própria estimativa, mal tinha começado a falar (v. Atos 11.15) quando o Espírito Santo em pessoa interveio e o conteve.

Observe que Pedro não chegara a mencionar o Espírito. (Tivesse feito isso, receberia permissão para seguir em frente?) Ele falou sobre a cruz e a remissão de pecados e, então, "o Espírito Santo desceu" (Atos 11.15). O Senhor assumiu o comando. Pedro aprendera o suficiente até então para saber que era hora de recuar. De fato, não havia mais nada a ser dito. Quando Deus age diretamente sobre a plateia, a tarefa do pregador acabou.

Como Deus foi gracioso ao intervir dessa maneira! Tivesse ele esperado Pedro fazer alguma coisa — talvez batizar ou impor as mãos sobre aqueles homens (compare com Atos 8.17; 19.5,6) —, como esse apóstolo faria para prestar contas aos irmãos quando retornasse a Jerusalém? "A culpa é toda sua, Pedro", diriam eles. "Você que começou tudo. Se não tivesse imposto as mãos sobre os gentios, nada disso teria acontecido!" Todavia, aos irmãos que o acompanhavam em Cesareia Pedro pôde apelar para o "fato consumado" por Deus: "Pode alguém negar a água [...]?" (Atos 10.47). Portanto, aos demais irmãos que ficaram em Jerusalém, ele agora tem como dizer: "[...] quem era eu para pensar em opor-me a Deus?" (11.17).

Com que vivacidade isso ilustra as palavras de Jesus em Lucas: "[...] o evangelho do Reino de Deus é pregado, e todo homem" — judeu, samaritano e gentio — "entra nele violentamente" (16.16).[4] O próprio Senhor soberano girou a chave e abriu a porta, por assim dizer. Não se pode pôr em questão a autoridade do Rei. O caminho para o Reino se abre ao comando de Jesus. Como Pedro dissera, mas talvez com maior verdade do que até ele próprio sabia então: "[...] Jesus Cristo, Senhor de todos" (Atos 10.36).

Estabelecido esse princípio para o serviço, podemos nos concentrar no capítulo seguinte na análise das necessidades do pecador.

---

[4] Tradução livre da *American Standard Version* (*ASV*) em inglês. [N. do T.]

CAPÍTULO 3

Pescadores de homens

Como os homens entram violentamente no Reino? Passamos algum tempo refletindo sobre como um pregador do evangelho precisa se preparar em espírito para cumprir sua tarefa. Mas e os ouvintes? Qual o requisito mínimo do pecador a fim de que ele consiga encontrar o Senhor e ser salvo? Essa pergunta agora pede nossa atenção, pois que o pregador saiba o que está tentando fazer é tão importante quanto que esteja preparado em espírito para fazê-lo.

Na discussão a seguir, só podemos tratar de um único ponto relacionado com a pregação do evangelho. Dou como certo que o servo do Senhor conhece os fatos da redenção pela morte expiatória de Cristo, sendo ele próprio nascido do Espírito. Presumo também que saiba apresentar esses fatos com clareza e poder. Preocupo-me aqui não com o conteúdo de sua pregação, mas com os princípios que deveriam balizar a tarefa em si de conduzir uma alma a Cristo.

O que é necessário para um homem ser salvo? Como ele pode ser convencido a ir até a porta do Reino e entrar? Como levamos homens dotados do mínimo absoluto de conhecimento ou desejo por Deus a um contato vívido com o Senhor? São essas as nossas indagações. Exporei quatro princípios norteadores que, espero, serão apreciados por ajudarem muito no sentido de responder a elas.

No que lhe diz respeito, Deus fez uma provisão tríplice para todo homem que enfrenta um período de crise. Primeiro, Jesus veio como o amigo dos pecadores; segundo, é ele, em pessoa, que os homens são chamados a encontrar (não um intermediário); terceiro, o Espírito Santo foi derramado sobre toda carne para precipitar no homem o trabalho inicial de convencimento do pecado, arrependimento e fé, bem como, claro, tudo mais que se segue. Por fim, no que diz respeito ao pecador, uma e somente uma condição é imposta. Não lhe é solicitado — *em primeiro lugar* — crer, ou se arrepender, ou estar ciente do pecado, ou mesmo saber que Cristo morreu. Pede-se dele apenas que se aproxime do Senhor com um coração sincero.

Essa última afirmação a princípio pode deixar você sobressaltado, mas, à medida que avançarmos, penso que você verá como ela é útil. Contudo, investigaremos esses pontos em ordem, começando pelo lado da provisão divina.

O amigo do pecador

O Senhor Jesus é apresentado nos Evangelhos como o amigo dos pecadores: em termos históricos, ele podia ser encontrado, antes de mais nada, movendo-se entre os homens antes de se tornar seu Salvador. Mas você percebe que hoje ele ainda é, em primeiro lugar, nosso amigo, a fim de que possa vir a ser nosso Salvador? Antes de atingirmos o ponto em que nos dispomos — ou, na verdade, estamos aptos — a recebê-lo como Salvador, ele vem até nós como um amigo, de modo que um encontro pessoal não nos é vetado e a porta se mantém aberta para que o recebamos como Salvador. Essa é uma descoberta preciosa.

A partir do momento em que enxerguei o Salvador como o amigo dos pecadores, tenho visto pessoas bastante incomuns e difíceis serem conduzidas ao Senhor. Lembro-me de um lugar em que uma jovem veio e me atacou, declarando que não *queria* ser salva. Dizia-se nova e com intenção de se divertir, por isso não tinha vontade de abandonar os seus caminhos para se tornar uma mulher contida e séria, pois, nesse caso, não teria nenhuma alegria na vida. Afirmou não ter planos de renunciar a seus pecados nem o menor desejo de salvação! Era evidente que sabia muito sobre o evangelho, considerando que fora criada em uma escola missionária. Mas agora se voltava contra ele. Depois de meio que esbravejar contra mim por algum tempo, perguntei:

— Podemos orar?

— E o que é que *eu* haveria de orar? — retrucou com desdém.

— Não posso me responsabilizar por sua oração — respondi —, mas orarei primeiro e depois você pode contar para o Senhor tudo que me disse.

— Oh, eu não conseguiria fazer uma coisa dessa! — protestou ela, um pouco desconcertada.

— Pode sim — insisti. — Você não sabe que ele é o amigo dos pecadores?

Isso mexeu com ela, que acabou fazendo uma oração — nada convencional. Daquele momento em diante, o Senhor operou em seu coração, e decorridos cerca de dois dias ela estava salva.

O Novo Testamento deixa claro que o Senhor Jesus veio como amigo, *a fim de ajudar pecadores a se achegarem a ele*. Achegamo-nos porque ele o possibilitou achegando-se a nós primeiro. Ele veio pôr o céu ao nosso alcance.

Lembro-me de certa vez em que conversava com um irmão na casa dele. Sua esposa e mãe estavam no pavimento superior, mas seu filhinho se sentara na sala conosco. Logo o menino quis alguma coisa, que pediu à mãe, elevando a voz.

— Está aqui em cima — respondeu ela. — Venha pegar.

— Não posso, mamãe — disse o menino —, é muito longe. *Por favor*, traga aqui embaixo para mim.

Como ele de fato era bem pequeno, a mãe desceu e o atendeu. A salvação funciona do mesmo jeito. Só Jesus descendo até nós pôde satisfazer nossa necessidade. Caso ele não o fizesse, os pecadores não poderiam se aproximar dele; mas Jesus desceu a fim de elevá-los.

Na hora da crise, muitas dificuldades práticas fazem frente ao pecador. Por exemplo, nas Escrituras sempre se diz para crermos. A Palavra dá grande ênfase à necessidade da fé. Mas você diz: "Eu não tenho fé". Uma menina certa vez me disse:

— Não consigo acreditar. Gostaria, mas não consigo! Meus pais insistem comigo o tempo todo: "Você precisa crer!". Mas não adianta; não tenho essa aptidão. Apesar da vontade latente, sinto que me falta fé. É *impossível* crer.

— Não tem problema — respondi. — Você não consegue crer. Mas pode pedir ao Senhor que dê fé a você. Ele está pronto para ajudar você até nisso. Ore: "Senhor, ajuda-me na minha incredulidade".

Ou, de novo, a Palavra diz que precisamos nos arrepender. E se não tivermos desejo algum de nos arrependermos? Certa vez um estudante que conheci alegou ser cedo demais para se achegar ao Senhor. Queria mais tempo para saborear os prazeres do pecado e se divertir.

— O ladrão na cruz foi salvo, mas vivera seu período de farra e chegara a hora de se arrepender. Eu, no entanto, sou novo.

— Bem, o que você quer fazer? — perguntei-lhe.
— Esperar mais quarenta anos e me divertir muito enquanto isso — foi sua resposta. — Então me arrependerei.
— Vamos orar — sugeri.
— Oh, não posso orar — ele retrucou.
— Pode sim — insisti. — Pode contar para o Senhor tudo que me falou. Ele é o amigo dos pecadores impenitentes como você.
— Oh, não posso dizer *esse tipo de coisa* para ele.
— Por que não?
— Ora, porque não posso.
— Bom, seja bem sincero. O que está em seu coração, seja o que for, diga para ele. O Senhor o ajudará.

Afinal ele orou e contou para o Senhor que não queria se arrepender e ser salvo, mas que sabia da própria necessidade de um Salvador, razão pela qual simplesmente clamava por sua ajuda. O Senhor operou o arrependimento dentro dele, que se levantou um homem salvo.

Na Inglaterra do começo do século XIX, uma mulher filha de pais cristãos ansiou durante anos por ser salva. Procurou ouvir esse e aquele pregador, visitou igrejas e capelas na busca de salvação, mas tudo parecia ser inútil. Um dia entrou por acaso em uma pequena capela sem nenhuma expectativa real no coração, pois estava quase em desespero. Sentou-se ao fundo. O orador era um senhor de idade. De repente, no meio da mensagem, ele parou e, apontando para ela, disse:

— A senhora sentada aí no fundo pode ser salva *agora*. Não tem necessidade de *fazer* nada!

Uma luz se acendeu no coração da mulher e, com ela, paz e alegria. Charlotte Elliott voltou para casa e compôs o famoso hino: "Tal qual estou, eu venho a Ti [...] Ó Salvador, me achego a Ti". Essas palavras têm indicado a inúmeros pecadores o caminho para o humilde acesso a Deus por intermédio do sangue de Cristo. Sim, atrevemo-nos a dizer hoje a todos os habitantes de Xangai ou de qualquer outra cidade que eles podem se achegar ao Senhor e ser salvos *do jeito que estão*.

Repito esses incidentes só para enfatizar que o que o pecador não pode fazer, o Salvador está à mão para fazer por ele. Essa é a razão por que podemos dizer às pessoas que elas não precisam esperar nada, e sim se entregar a ele de imediato. Seja qual for o estado em que se encontram, seja qual for o problema que tiverem, tragam e os compartilhem com o amigo dos pecadores.

Primeiro contato com o Senhor

O que é salvação? Muitos pensam que, para sermos salvos, precisamos primeiro crer que o Senhor Jesus morreu por nós. O estranho é que em parte alguma do Novo Testamento está escrito exatamente isso. Claro, a mensagem completa do Novo Testamento consiste em que Jesus morreu e ressuscitou a fim de que fôssemos salvos. Contudo, leia seu Novo Testamento do começo ao fim com atenção e diga-me onde encontrar um versículo que afirme que a condição para ser salvo é *crer* que Cristo morreu por nossos pecados. Não há como fazer isso, em parte alguma. Somos orientados a crer *em* Jesus, ou a confiar *nele*; não a crer *que ele morreu* por nós. "[...] 'Creia no Senhor Jesus, e serão salvos, você e os de sua casa' " (Atos 16.31) foram as palavras de Paulo. Precisamos acreditar *nele* antes de qualquer outra coisa, não especificamente no que ele fez.

João 3.16 nos diz que "todo o que nele crer" terá a vida eterna. Um pouco antes em seu Evangelho, João diz: "Veio para o que era seu, mas os seus não o receberam" (1.11). No fim do mesmo Evangelho, o apóstolo declara que ele o escreveu "para que vocês creiam que Jesus é o Cristo, o Filho de Deus e, crendo, tenham vida em seu nome" (20.31). Os homens o rejeitaram não com base no que ele fez, mas em quem ele era, e foram convidados a crer no que e em quem ele é — não, acima de tudo, no que fez. João 3.16 não ensina: "[...] para que todo o que crer que Cristo morreu em seu favor e levou seus pecados sobre a cruz tenha a vida eterna". A mensagem é que Deus deu seu Filho e que devemos crer nesse Filho mesmo, em pessoa. "Quem tem o Filho, tem a vida [...]." (1João 5.12)

Lógico, não quero que você pense em mim como um modernista, alguém que se atreveria a menosprezar a cruz ou a dar um lugar inferior à obra vicária de Cristo. Acredito, *sim*, na necessidade da expiação de Cristo e estou certo de que você também. Creio que não me interpretará mal, portanto, quando digo que o reconhecimento da importância dessa obra pode não ser o *primeiro* passo no contato inicial do pecador com o Senhor. Esse reconhecimento virá, mas a questão principal é se temos ou não o Filho, não, sobretudo, se entendemos ou não o plano completo da salvação. A primeira condição da salvação não é o conhecimento, mas *encontrar Cristo*.

Muitos nos dão a impressão de terem sido salvos pelas escrituras erradas! Quem lhes falou, o fez por intermédio de versículos que não parecem indicar o caminho da salvação, e quase temos certeza de que essa gente não pode ter sido salva sobre essa base! Sentimos que deve haver um ponto fraco em algum lugar, mas, ao mesmo tempo, precisamos reconhecer que Deus com frequência se agrada trabalhando dessa maneira. Eu costumava desejar que quem era conduzido ao Senhor por mim fosse salvo com base em João 3.16, ou 5.24 ou 6.40. Mas com o tempo aprendi a perceber que, para o passo inicial, tudo de que se necessita é que haja um contato pessoal com Deus. Quando isso acontece, o resto com certeza virá em seguida. Portanto, não interessa que versículos Deus escolhe usar para esse primeiro passo. Afinal, não precisamos estudar a teoria da eletricidade e compreendê-la de ponta a ponta antes de acionarmos a luz elétrica. A luz não protesta: "Recuso-me a brilhar para você, pois você não entende nada do princípio pelo qual funciono". Tampouco Deus estabelece o conhecimento como condição para que o abordemos. "Esta é a vida eterna: que te conheçam, o único Deus verdadeiro, e a Jesus Cristo, a quem enviaste" (João 17.3).

Tomemos três exemplos dos Evangelhos. Qual a conversão mais extraordinária registrada no Novo Testamento? Sem dúvida, a do ladrão na cruz. Até então, tudo indicava à frente, a cruz de Cristo. Agora estava acontecendo diante dos olhos dos homens tendo o ladrão por testemunha. Exemplo perfeito de pecador, ele estava recebendo um castigo exemplar. E ele também teve uma conversão exemplar, pode-se dizer. No entanto, ele reconheceu o Senhor como Salvador? Quais foram suas palavras? "[...] 'Jesus, lembra-te de mim quando entrares no teu Reino' " (Lucas 23.42). O que o Senhor respondeu? Não o lembrou da vida perversa que levara nem lhe disse que era justo que sofresse e *morresse*, mas que, em seu lugar, ele próprio, Jesus, estava sofrendo na cruz e morrendo por seus pecados. Parece-nos uma excelente oportunidade de anunciar o plano da redenção — mas não, o Senhor só respondeu:

"[...] Hoje você estará comigo no paraíso" (v. 43). Pois o ladrão *reconheceu quem Jesus era* — e que, embora padecesse injusto sofrimento, reinaria e teria um Reino. O ladrão acreditava *no Senhor*, e isso bastava.

Considere agora a mulher com hemorragia. Em Marcos 5.24 ficamos sabendo que a multidão "comprimia" Jesus. Muitos presentes ficavam o tempo todo tocando no Senhor, apertando-o até, mas só uma pessoa entre tantas foi curada. Isso se deu porque ela o "tocou" com uma intenção especial. E só foi preciso um toque; para aquela mulher, este ato representava estender a mão em espírito para Deus pedindo ajuda para sua necessidade profunda.

Ou lembre-se do incidente do fariseu e o publicano orando no templo. O fariseu sabia tudo de ofertas e sacrifícios e dízimos, mas não havia nele nenhum clamor do coração de Deus. O publicano, por sua vez, suplicava: "Senhor, tem misericórdia de mim!". Alguma coisa passou dele para Deus e recebeu resposta imediata, de modo que o Senhor Jesus o selecionou como aquele a quem Deus considera justo. Para que se é considerado justo? Para *tocar Deus*.

A epístola aos Romanos nos fala em detalhes sobre o pecado e acerca do caminho da salvação. Por meio do estudo dessa carta, podemos aprender muita coisa sobre a doutrina da redenção. No entanto, ela foi escrita para os salvos. O evangelho de João, por outro lado, não traz doutrina alguma em nenhuma forma sistemática; na verdade, o livro parece ter sido pouco planejado, se é que o foi; todavia, ele foi redigido para o mundo (v. João 20.31). Nós disporíamos as coisas ao contrário, estou certo disso; e estaríamos errados! Pense bem: se sua casa estiver pegando fogo e não houver nenhuma via de escape para quem está no pavimento superior, e se os bombeiros chegarem e armarem a escada para salvar você, qual será sua atitude? Você dirá: "Calma aí! Primeiro me expliquem por que a escada de vocês se ergue no ar sem nenhum apoio. As escadas comuns precisam ser encostadas em alguma coisa. E de que material é feita a roupa que vocês estão usando? Por que não pega fogo?" — e assim por diante? Não, você se deixará ser salvo e depois poderá até indagar tudo que quiser sobre a escada Magirus e tudo mais que lhe interessar.

Depois que fui salvo, o sermão de Pedro no dia do Pentecoste costumava me deixar bem insatisfeito. Na verdade, para mim ele era, em alguns aspectos, um sermão muito pobre, pois parecia bastante inadequado para seu propósito. Não esclarecia as coisas, na minha opinião, pois não contém nada sobre o plano da redenção. O que Pedro diz: "[...] Jesus de Nazaré foi aprovado por Deus diante de vocês por meio de milagres, maravilhas e sinais que Deus fez entre vocês por intermédio dele, como vocês mesmos sabem. Este homem foi entregue por propósito determinado e pré-conhecimento de Deus; e vocês, com a ajuda de homens perversos, o mataram, pregando-o na cruz. Mas Deus o ressuscitou dos mortos [...]" (Atos 2.22-24). Sem dúvida, na minha cabeça, eis a oportunidade de ouro de que Pedro necessitava para salientar o cerne da mensagem. Ali estava a ocasião de introduzir alguma referência a Isaías 53, ou de explicar a doutrina da expiação. Mas não, ele deixou a oportunidade passar e continuou: "Portanto, que todo o Israel fique certo disto: Este Jesus, a quem vocês crucificaram, Deus o fez Senhor e Cristo" (v. 36). Que estranho o fato de Pedro não empregar nem a denominação "Salvador"! Apesar disso, qual foi o resultado? O povo, conforme nos é relatado, com os ouvidos aguçados, indagou aflito: "[...] que faremos?" (v. 37).

Mais tarde Pedro foi ter com os gentios, submetidos a uma formação religiosa completamente diferente. Entre eles, pode-se sentir, o evangelho seria pregado de maneira clara. No entanto, para Cornélio, Pedro só falou sobre quem Cristo era, e, embora mencionasse a remissão dos pecados, não deu nenhuma explicação para o significado da morte de Jesus — mesmo assim, o Espírito Santo desceu sobre todos eles.

Fica então claro por meio desse exemplo que a salvação não é a princípio uma questão de conhecimento, mas de "toque". Todos que tocam o Senhor recebem vida. Seria possível dizer que, a julgar por seus sermões em Atos, nem Paulo foi claro em seu evangelho. Todos esses anos atrás, o evangelho *não* era pregado como hoje! Não havia a mesma apresentação inconfundível da verdade! Mas será mesmo a verdade o mais importante? O grande ponto fraco da atual pregação do evangelho é que tentamos fazer as pessoas *compreenderem* o plano da salvação, ou levar as pessoas ao Senhor por meio do medo do pecado e de suas consequências. Onde temos falhado? Estou certo de que é nisso, no fato de nossos ouvintes não o *verem*, pois não apresentamos a pessoa de Cristo como convém. Eles só enxergam o "pecado" ou a "salvação", quando na verdade precisam ver o Senhor Jesus em pessoa, conhecê-lo e "tocá-lo".

Com demasiada frequência, os que são salvos pelo mero conhecimento desenvolvem o hábito de imaginar que sabem tudo. Avançam sem demonstrar que sentem grande necessidade de Deus. *Conhecem* tudo e se acham qualificados inclusive para criticar a apresentação dos fatos por parte do pregador. Contudo, quando enfrentam uma crise em que perdem o chão e precisam confiar no Senhor por algum motivo, não conseguem. Não mantêm um contato vivo com ele. Outros, no entanto, podem saber bem pouco, mas saíram de si mesmos e tocaram o Deus vivo, desenvolvem-se e crescem na fé ainda que por meio de grave provação. Por isso nosso objetivo principal deve ser levar as pessoas a um encontro com ele.

Nenhum de nós é capaz de sondar os caminhos misteriosos de Deus. Nenhum de nós ousa lhe prescrever como ele deveria atuar. Houve um menino chinês que, com 12 anos de idade, foi levado pela mãe a um templo na colina. Quando ele estava adorando diante do santuário com a mãe, olhou para o ídolo e pensou: *Você é feio e sujo demais para ser adorado. Não acredito que possa me salvar. Que sentido há em adorar você?* Em respeito à mãe, no entanto, participou da cerimônia. Quando ela acabou, preparou-se para descer a montanha, mas o menino se esgueirou para o fundo do templo. Encontrou um espaço aberto onde olhou para o céu e disse: "Ó Deus, quem quer que o senhor seja, não acredito que o senhor possa habitar naquele santuário. O senhor é grande demais e ele, pequeno e impuro demais para o senhor. Com certeza deve ser aí que o senhor habita, no céu. Não sei como encontrar o senhor, mas me coloco em suas mãos, pois o pecado é muito forte e o mundo seduz. Comprometo-me com o senhor, onde quer que o senhor esteja".

Trinta anos depois eu o conheci e lhe falei do evangelho.

"Encontrei o Senhor Jesus pela primeira vez hoje", disse ele, "mas é a segunda vez que toco em Deus. Algo aconteceu comigo aquele dia, trinta anos atrás, no alto da montanha".

O Senhor vivo se torna nosso Salvador. Jesus não é mais o crucificado, mas, sim, o que reina, por isso hoje buscamos a salvação não ao pé da cruz, mas no trono, para crer nele como Senhor. Talvez precisemos ver com mais nitidez a diferença entre redenção e salvação. A redenção foi assegurada pelo Senhor Jesus na cruz dois mil anos atrás. Nossa salvação hoje depende dessa redenção, realizada de uma vez por todas no tempo. Todavia, é igualmente verdade que você pode ter sido "salvo" dez, vinte ou trinta anos atrás e eu em ocasião bem recente, porque para cada um de nós a salvação é um assunto pessoal — uma participação, por assim dizer, de Cristo. Há sem dúvida um paralelo aqui com os israelitas do passado no Egito. O primogênito redimido tinha de participar do sacrifício da Páscoa *comendo a refeição*, não apenas observando o derramamento de sangue de sua redenção sobre o umbral da porta, onde Deus fizera que ele fosse colocado com vistas a seus propósitos expiatórios.

Conclusão: pode-se dizer que a salvação, experiência pessoal e subjetiva, depende mais da ressurreição que da morte do Senhor. A morte de Cristo foi necessária para a expiação objetiva diante de Deus. Para a salvação, contudo, o Novo Testamento dá ênfase em nossa fé na ressurreição, pois a ressurreição é a prova de que a morte dele foi aceita. Cremos *no Senhor Jesus Cristo*, pessoalmente ressurreto e elevado à glória, e buscamos promover o contato *agora* dos pecadores com ele.

Um coração sincero para com Deus

Antes de passarmos para a terceira provisão feita por Deus para a crise da salvação na vida de um homem, optarei agora por uma digressão e tratarei primeiro do que me parecer ser a única exigência imposta ao homem em si.

Quando se prega o evangelho do arrependimento e da fé por intermédio de Jesus Cristo para a remissão de pecados, encontram-se várias dificuldades da parte dos ouvintes, capazes de causar surpresas desagradáveis. Um homem, tendo ouvido você falar tudo sobre o pecado e o respectivo castigo, diz com toda a franqueza: "Sim, sei de tudo isso, mas *gosto de pecar*". O que você fará? Como sugerimos, o amigo dos pecadores é quem ajudará seu interlocutor nesse momento. Outro homem o ouve e concorda com tudo, mas não parece capaz de assimilar o que está sendo dito. Você se encontra com ele no dia seguinte, e ele diz: "Esqueci-me do terceiro ponto. Qual era mesmo?". A salvação não é uma questão de "pontos"! Nem de entender ou de desejar. Como vimos, é uma questão de ter um encontro com Deus — de homens estabelecendo contato em primeira mão com Cristo, o Salvador. Então você me pergunta: qual a condição mínima exigida de um homem para possibilitar esse contato?

Para responder, eu indicaria a você a parábola do semeador. Parece-me que ela nos revela com muita simplicidade qual é a única coisa que Deus exige. "As que caem em terra boa são como acontece no coração sincero e bom que, tendo ouvido a palavra, guarda-a e produz frutos com perseverança" (Lucas 8.15).[5] Deus requer do homem um "coração sincero e bom" — bom porque sincero. Não importa se o homem quer ou não ser salvo, não importa se compreende ou não compreende; desde que esteja preparado para ser sincero com Deus acerca desse assunto, Deus está preparado para se encontrar com ele.

Uma dúvida se impõe: como reconciliar a exigência divina de um "coração sincero e bom" com a afirmação de que "[o] coração é mais enganoso que qualquer outra coisa [...]" (Jeremias 17.9)? Mas a ideia principal da parábola do semeador não é que o homem que recebe a Palavra nutra perfeita

---

[5] Tradução livre da *American Standard Version* em inglês. [N. do T.]

sinceridade aos olhos de Deus, mas que seja sincero *para com Deus*. Haja o que houver em seu coração, ele está preparado para levar a Deus franca e abertamente. Claro, que o coração do homem é "mais enganoso que qualquer outra coisa" é um fato e como tal permanece, mas continua sendo possível ao homem com uma natureza enganosa voltar-se com sinceridade para Deus. O homem dissimulado pode chegar a Deus e ser honesto ao confessar: "Sou um pecador; tem misericórdia de mim!". No campo do desejo para com Deus, ele pode ser autêntico. É o que Deus busca nos homens, e alguma coisa nesse sentido está contida na palavra que afirma: "Porque, quanto ao Senhor, seus olhos passam por toda a terra, para mostrar-se forte para com aqueles cujo coração é perfeito para com ele" (2Crônicas 16.9, *Almeida Revista e Corrigida*).

A condição básica para a salvação de um pecador não é fé ou arrependimento, mas tão somente a sinceridade de coração para com Deus. O Senhor não exige nada dele, a não ser que se aproxime com essa atitude. Nesse ponto de franqueza existente no meio de tanta falsidade, a semente boa cai e produz fruto. Dos dois ladrões crucificados com o Senhor, ambos completamente desonestos, havia em um deles um pouco de desejo sincero. O publicano que orou no templo era um corrupto, mas nele também havia sinceridade para reconhecer a própria condição de pecador e clamar a Deus por misericórdia. E o que dizer de Saulo de Tarso? Com certeza, faltava-lhe até o desejo de salvação por intermédio de Jesus Cristo, mas o Senhor viu nele, na estrada para Damasco, um coração sincero voltado para Deus, e foi esse o ponto de partida da sua história com o Senhor. Ele tocou o Senhor com sinceridade quando disse: "[...] Senhor, que queres que faça? [...]" (Atos 9.6, *Almeida*

Revista e Corrigida). Seu "toque" bastou para salvá-lo no mesmo instante. Pois é *a realidade* do evangelho, possibilitando o toque inicial em Jesus Cristo, que salva o pecador, não o entendimento por parte do pecador dessa realidade.

Como vários incidentes relatados antes indicaram, deveríamos incentivar cada pecador a se ajoelhar com o coração sincero e orar, dizendo ao Senhor com total franqueza qual é a sua posição. Na condição de cristãos, aprendemos que devemos orar em nome do Senhor Jesus (v. João 14.14; 15.16; 16.23,24), o que, como não poderia deixar de ser, interpretamos não como uma simples fórmula de palavras, mas como um ato de fé no Senhor. Com os pecadores é diferente, pois há orações que Deus ouvirá sem que sejam proferidas em nome de Jesus. Em Atos 10.4, o anjo diz a Cornélio: "[...] 'Suas orações e esmolas subiram como oferta memorial diante de Deus' ". Se houver um clamor sincero do coração, Deus ouvirá. O coração do pecador é capaz de tocar em Deus.

Um exemplo impressionante de alguém que se achegou a Deus sem nem desejar ser salvo é fornecido pela experiência de uma senhora inglesa do século XX. Integrante de uma família rica de boa posição social, ela era bem-educada, boa musicista e dançarina talentosa, além de jovem e bela. Certa noite, houve um baile para o qual ela foi convidada. Trajando um maravilhoso vestido confeccionado especialmente para a ocasião, aquela noite ela foi o centro das atenções, a mais cobiçada de todos os presentes. Seria possível dizer que foi um grande triunfo para ela.

Ela voltou para casa após o fim do baile, tirou o vestido e colocou-o de lado. Deixando-se cair, ela desabafou: "Ó Deus, tenho tudo que quero, riqueza, popularidade, beleza, juventude — no entanto, sinto-me absolutamente miserável e insatisfeita. Cristãos me diriam que isso prova o vazio e a falta de sentido do mundo, que Jesus poderia me salvar e dar paz, alegria e satisfação. Mas não quero a satisfação que ele poderia dar. Não quero ser salva. Odeio você e odeio sua paz e alegria. Mas, ó Deus, dê-me o que não quero e, se puder, faça-me feliz!".

Há registros de que tenha se levantado uma mulher salva e que tenha se tornado alguém que conhecia o Senhor em profundidade.

Reafirmo: todo o necessário é um coração sincero. Se você *deseja* Deus, não há dificuldade alguma. Mas, louvado seja o Senhor, mesmo que você *não* o deseje, ele ainda lhe dará ouvidos caso você se achegue a ele com sinceridade.

O ajudador está próximo e à mão

Dissemos que basta um clamor a Deus proveniente do coração. Nas palavras de Joel, citadas por Pedro: "E todo aquele que invocar o nome do Senhor será salvo!" (Atos 2.21). Como isso é possível? Porque Deus cumpriu a outra promessa (citada por Pedro com base na mesma profecia) de que derramaria do seu Espírito sobre todos os povos (cf. v. 17). Porque o Espírito Santo foi derramado sobre toda a humanidade, uma súplica é suficiente.

Nenhum pregador do evangelho tem grande utilidade, a menos que creia nisso. A presença do Espírito Santo e sua proximidade dos pecadores é vital para nossa pregação. Deus no céu está longe demais — por assim dizer, fora do alcance do homem. Todavia, Paulo escreve aos romanos: "[...] 'Não diga em seu coração: "Quem subirá aos céus?" (isto é, para fazer Cristo descer) [...] A palavra está *perto* de você [...] porque 'todo aquele que invocar o nome do Senhor será salvo' " (Romanos 10.6,8,13).

Sempre acreditei que o Espírito Santo está *sobre* o homem para quem prego. Não quero dizer com isso que o Espírito está *dentro* do coração dos incrédulos, mas, sim, do lado de fora. Fazendo o quê? Esperando. Esperando para levar Cristo ao interior do coração dessas pessoas. O Espírito Santo espera para entrar no coração do ouvinte do evangelho. É como a luz. Abra as persianas da janela nem que seja só um pouco, e ela fluirá para dentro e iluminará o interior. Que não haja outra coisa além de um clamor do coração para Deus, momento em que o Espírito entrará e começará sua obra transformadora de convencimento do pecado, de arrependimento e fé — o milagre do novo nascimento.

Pedro não observara apenas a intervenção miraculosa do Espírito Santo sobre seus ouvintes enquanto pregava para eles na casa de Cornélio; claro, ele teve também sua experiência pessoal com a obra do Espírito no próprio coração. "Quando comecei a falar", ele relata, "o Espírito Santo desceu sobre eles *como sobre nós no princípio*" (Atos 11.15). Talvez a maior condição para o sucesso em conduzir homens a Cristo seja lembrar-se de que o mesmo Espírito Santo que veio em nosso socorro na hora da escuridão está à mão, esperando para poder entrar e iluminar-lhes o coração também, e para fazer bem a obra da salvação para a qual, ao clamar a Deus, eles abriram a porta.

Tive um amigo que foi a determinada cidade pregar. Uma mulher o procurou e ele conversou com ela, aproveitando para lhe pregar Cristo. Falou do pecado dela, e do castigo para o pecado, e do Senhor que veio para salvar. Mas a mulher retrucou:

— Acho que você não sabe como o pecado é bom; nunca provou de suas delícias. *Gosto* de pecar. Do contrário, a vida seria vazia.

Transcorrido algum tempo, meu amigo sugeriu que orassem. A mulher perguntou então:

— O que uma tão grande pecadora como eu teria a dizer para o seu Deus? Não há arrependimento em meu coração. Não tenho nada a falar que fosse aceitável para ele.

Meu amigo, no entanto, retorquiu:

— Meu Deus entende. Ele está *perto* de você e é capaz de ouvir *qualquer* oração; portanto, conte para ele exatamente o que você me disse.

Ela ficou espantada, pois até então só ouvira o tipo de oração formal em que se tem de dizer aquilo em que não se acredita, por educação! Meu amigo lhe mostrou o versículo em Atos 11 que relata, acerca dos gentios sobre os quais o Espírito Santo desceu, que Deus "[lhes] concedeu arrependimento para a vida" (v. 18). Então a mulher orou e contou tudo para o Deus que entende os pecadores.

"Embora não queira me arrepender", ela declarou, "ajude-me concedendo arrependimento também a mim".

E Deus assim o fez! Ela abrira as janelas do coração para a iluminação do Espírito e concluiu a oração como uma mulher salva.

Temos então um princípio aqui: por Jesus ser o amigo dos pecadores, e por o Espírito Santo se encarregar de fazer o que os homens não podem, os pecadores conseguem se achegar a Deus exatamente como estão. *Não precisam mudar*, nem é necessário que encontrem *em si mesmos* a capacidade de fazer o que quer que seja. Imagine que um homem peça para você lhe falar sobre o evangelho da salvação. "Meu senhor, quero ser salvo." Se, ao lhe recomendar que creia, ele responder "Não consigo crer", o que você fará? Dirá: "Receio que o senhor não sirva. Vá embora e volte quando *conseguir* crer"? Com isso não estará lhe pedindo para fazer algo a fim de obter a própria salvação? Outro homem comenta com você: "Não *quero* ser salvo". O que você fará nesse caso? Mandará que ele volte para casa a fim de esperar alguma dificuldade ou dor conduzi-lo para Deus? Não pode ser que com isso esteja lhe fechando a porta? Por que necessitamos estabelecer tão grande número de condições para os pecadores antes que consigam ser salvos? Sem dúvida, se Jesus é o amigo dos pecadores, todos os homens podem se achegar do jeito que estão, e, porque seu Espírito está à mão para operar, podemos contar com ele para fazer nesses homens o que eles próprios jamais conseguem.

Nos vinte anos em que venho pregando o evangelho na China, muitos, como não poderia deixar de ser, entenderam desde o início o caminho da salvação, muitos se convenceram do pecado antes de mais nada, arrependeram-se, creram — e se achegaram a Cristo com base nisso e foram salvos. Mas, louvado seja Deus, também houve muitos outros que, embora a princípio não se arrependessem ou cressem, ou nem mesmo desejassem conscientemente ser salvos, acabaram sendo persuadidos a se achegarem com sinceridade ao Senhor e a estabelecerem um contato pessoal com ele. Dentre esses também houve muitos para os quais se seguiram o entendimento, o convencimento do pecado, o arrependimento e a fé, e, em consequência disso, eles foram gloriosamente salvos. Isso me dá confiança para declarar sem medo de errar que *não existe nenhuma outra condição necessária para ser salvo, exceto a de ser pecador e sincero o suficiente para confessá-lo ao Senhor*. Essa condição basta para permitir ao Espírito Santo começar seu trabalho de convencimento e transformação.

Falamos dos que não se arrependem e dos que não conseguem crer; falamos dos que não têm o menor desejo de salvação e dos que se acham ruins demais para serem salvos. Falamos dos que se sentem confusos e não conseguem compreender o evangelho e dos que o compreendem, mas não se dispõem a admitir a reivindicação divina sobre eles. Você me permite dizer que ainda é possível para qualquer um deles ser salvo? Já conheci esses seis tipos de pessoas, e *muitas* delas se salvaram de uma hora para outra. Além disso, conheci um sétimo tipo — das que não acreditam em absoluto na existência de um Deus — e ousei dizer até para essas pessoas que elas não precisam primeiro substituir o ateísmo pelo teísmo. Podem ser salvas *do jeito que estão*, mesmo sem nenhuma fé em Deus, se forem sinceras a esse respeito.

Há quem responda na mesma hora: "Mas o que você me diz de Hebreus 11.6? Não há dúvida de que esse versículo exige a fé na existência de Deus pelo menos". Bom, houve um tempo em que eu também afirmaria isso, mas um dia reaprendi como Deus está preparado para ir infinitamente longe a fim de encontrar o filho que retorna de um país distante. Aconteceu do modo como descrevo a seguir.

Certa vez promovi reuniões evangelísticas em uma faculdade no sul da China. Encontrei-me ali com um velho amigo, na verdade um antigo colega de escola. Ele passara pelos Estados Unidos e agora estava naquela faculdade como professor de psicologia. Tomara uma decisão categórica acerca da religião e cultivava o hábito de dizer a seus alunos que era capaz de explicar tudo sobre as ditas conversões, em bases exclusivamente psicológicas. Antes que as reuniões começassem, fui visitá-lo e preguei Cristo para ele. Por educação, ele precisou me ouvir por algum tempo, mas afinal sorriu e disse:

— Não adianta pregar para mim. Não acredito na *existência* de Deus.

Talvez rápido demais, respondi:

— Mesmo que não creia, ore apenas. Alguma coisa você descobrirá.

Ele deu risada.

— Orar quando eu nem acredito em Deus! — exclamou. — Como poderia?

Então eu disse:

— Mesmo que você não consiga encontrar uma escada que suba até Deus, isso não altera o fato de que ele desceu para encontrar você. Ore!

Ele riu de novo; quanto a mim, insisti ainda em que orasse.

— Tenho uma oração que até você consegue fazer. Diga o seguinte: "Ó Deus, se não existe Deus algum, então minha oração é inútil e a repeti em vão; mas, se houver um Deus, então faça que eu o saiba de alguma forma".

— Mas o que esse Deus hipotético tem a ver com Jesus Cristo? — ele retrucou. — Onde o cristianismo entra nessa história?

Orientei-o a apenas acrescentar em sua oração um pedido para que Deus revelasse isso também. Expliquei que não o estava convidando a reconhecer a existência de Deus; não o estava convidando a reconhecer coisa alguma! Mas tinha uma coisa, uma única coisa, que eu lhe pedia, sim: que fosse sincero. Seu coração tinha de estar naquela oração. Ela não podia ser só uma repetição vazia de palavras. Eu não sabia se conseguira convencê-lo de alguma coisa, mas, quando fui embora, deixei uma Bíblia com ele.

No dia seguinte, no fim da primeira reunião da minha campanha, pedi que quem tivesse sido salvo se levantasse, e esse professor foi a primeira pessoa a fazê-lo. Fui até ele depois da reunião e perguntei:

— Aconteceu alguma coisa?

— Muita — ele respondeu. — Sou um homem salvo.

— Como aconteceu? — eu quis saber.

— Depois que você saiu — disse ele —, peguei a Bíblia e abri no evangelho de João. Meus olhos deram com as palavras: "No dia seguinte", "no outro dia", "no dia seguinte". Pensei então: *Esse homem sabe do que está falando. Ele viu tudo isso acontecer. É como um diário.* Na sequência, pensei no que você tinha dito e tentei entender se havia alguma armadilha nessa história toda — se você estava sendo desonesto comigo de alguma maneira. Repassei toda a nossa conversa ponto por ponto e não consegui ver nenhum problema. Tudo parecia muito sensato. Por que eu não haveria de orar como você sugeriu? Mas de repente me ocorreu: *E se de fato Deus existir? Como fico nesse caso? Tendo dito a meus alunos que a religião não tem absolutamente nada a oferecer e que a psicologia tem resposta para tudo, estou disposto a admitir diante deles que errei esse tempo todo?* Pesei a situação com muita cautela, mas, de um jeito ou de outro, senti que precisava ser honesto em relação ao assunto. Pois, se houvesse mesmo um Deus afinal de contas, eu seria um tolo se não cresse nele!

E continuou:

— De modo que me ajoelhei e orei; e, enquanto orava, simplesmente *soube* que havia um Deus. Como eu soube não consigo explicar, mas o fato é que soube! Lembrei-me então do evangelho de João que tinha lido e de como ele parecia ter sido escrito por uma testemunha ocular. Tive então certeza de que, se era assim, Jesus só podia ser o Filho de Deus — e eu estava salvo!

Oh, que maravilha o que nosso Deus é capaz de fazer! Ao sair para pregar o evangelho, jamais perca de vista o fato de que ele é *um Deus vivo*, pronto para agir em misericórdia. Ainda que os homens pudessem ser um pouco melhores do que são, isso não ajudaria a resolver os problemas; e, se fossem muito piores, não atrapalharia. Tudo que ele procura é "um coração sincero e bom". Nunca se esqueça também de que o Espírito Santo está presente em poder para voltar o coração dos homens para Deus. Tenha fé nele em relação a cada alma com quem você tiver de lidar. Sozinho você pode não ser grande pescador, mas, em cooperação com o Espírito de Deus, pode ter confiança suficiente para capturar o maior peixe.

CAPÍTULO 4

Paulo — e a Vida

Avançando agora para analisarmos a contribuição especial no Novo Testamento do ministério do apóstolo Paulo, mais uma vez somos compelidos a dar como certa muita coisa. Pois vejo-me na obrigação de repetir que teremos em mente seu ministério "específico", qual seja, o ministério representado em nossa analogia pela figura de uma "tenda". Contudo, ao lidarmos de maneira tão especial com o tema coletivo presente em seu ministério, não descuidamos do alcance muito amplo de revelação espiritual concedida a Paulo acerca de outras questões como o plano divino da redenção e o crescimento individual em Cristo dos que creem.

Como vimos, a carta aos Romanos foi escrita não para mostrar a pecadores como passar pela porta do Reino, mas para mostrar a nós, cristãos, como Deus nos possibilitou fazê-lo e quais as consequências da nossa entrada. Tendo esse objetivo, Paulo amplia nessa carta os grandes temas da justificação e da santificação, da libertação do pecado e da Lei, da vida eterna em Cristo e do andar no Espírito, e da filiação e propósito de Deus. Tratamos em detalhes de alguns desses tópicos em outro local[6] e demonstramos que a chave para a fé e a experiência na relação de todas

---

[6] NEE, Watchman. **A vida cristã normal**. Belo Horizonte: Tesouro Aberto, 2006.

essas coisas é o abrir dos nossos olhos para o grande fato histórico de Jesus Cristo crucificado, ressurreto e exaltado e, com ele, o fato adicional da nossa morte, ressurreição e exaltação com ele. Deus julgou nossos pecados e decretou para nossa natureza caída a sentença de morte, executada sobre nós *em Cristo*. Somos recebidos em seu Reino com base não na nossa evasão de alguma forma de julgamento, mas pelo fato de *termos sido* julgados e ressuscitados nele para uma novidade de vida. A cruz de Cristo é para nós a porta de entrada para tudo.

Estabelecido esse princípio, Paulo em seguida expõe diante de nós, em um capítulo vívido ao extremo (Romanos 7), primeiro seu total fracasso *como alguém que crê* em viver a vida cristã mediante a própria força natural e, depois, sua descoberta gloriosa (expandida no capítulo 8) de que, apesar de tudo, isso *é* possível "por Jesus Cristo, nosso Senhor" (Romanos 7.25). O poder residente de Cristo — "[...] por meio de Cristo Jesus a lei do Espírito de vida [...]" (8.2) — é superior à lei do pecado e da morte em seus membros. Nas palavras de Filipenses 4.13: "Tudo posso naquele que me fortalece".

De modo que, para Paulo, a vida cristã era um milagre contínuo — um paradoxo em que a vida divina implantada no interior da pessoa pelo novo nascimento resplandecia do "corpo mortal" de alguém que conscientemente andava segundo o Espírito. "Mas, se Cristo está em vocês, o corpo está morto por causa do pecado, mas o espírito está vivo por causa da justiça" (Romanos 8.10). Antes de seguirmos em frente e analisarmos Paulo como um "fabricante de tendas" (v. Atos 18.3), bem como seu entendimento da casa de Deus (para o qual a própria epístola aos Romanos inevitavelmente conduz), faremos uma pausa a fim de examinarmos o homem em si e aprendermos uma lição com o paradoxo pessoal, exemplificado nele de maneira tão surpreendente, da "temporária habitação terrena em que vivemos" e do "Espírito como garantia" nele consagrados (v. 2Coríntios 5.1-5).

Ao refletirmos sobre o apóstolo Paulo, quero direcionar sua atenção para a segunda epístola escrita por ele aos coríntios e pedir que, antes de mais nada, você observe o caráter especial dessa carta. Sua peculiaridade está na expressão da vida e experiência interiores de Paulo. É a mais pessoal de suas correspondências — na verdade, dentre todas as epístolas do Novo Testamento — e sem ela saberíamos bem menos do que sobre o homem em si. Paulo não queria escrever essa carta, mas por causa da atitude dos coríntios Deus permitiu que ela fosse redigida e, ao fazê-lo, possibilitou-nos ver algo que as outras epístolas ocultam em parte. Elas estão repletas de ensinamentos; esta carta por um momento levanta a cortina sobre o homem por trás desses ensinamentos. *Elas apresentam* a revelação de Deus para nós; essa carta nos mostra o tipo de homem a quem Deus *confia* essa revelação.

Alguns minutos de meditação, penso eu, bastarão para confirmá-lo. Em 1Coríntios 1, Paulo escreve sobre a escolha de Deus do que para o mundo é "fraqueza" (v. 27); 2Coríntios nos mostra a triste realidade, no próprio Paulo, de uma fraqueza divinamente imposta. Em 1Coríntios 3, Paulo apela em favor da unidade; 2Coríntios 1 revela que, apesar da rejeição do povo, o apóstolo que o exortara com tanta veemência contra as facções ainda se contava entre eles. Mais adiante, no livro de 1Coríntios, depois de discorrer com extremo rigor sobre as irregularidades em Corinto, Paulo segue no capítulo 13 com seu tratamento clássico do amor; mas em 2Coríntios 2 ele explica, em relação à aparente rispidez da carta anterior, como a escrevera "com grande aflição e angústia de coração, e com muitas lágrimas, não para entristecê-los, mas para que soubessem como é profundo o meu amor por vocês" (v. 4). Adiante ainda, em 1Coríntios 16, Paulo tem de exortar seus leitores a uma atenção prática com as necessidades alheias, ao passo que 2Coríntios 11 nos franqueia o acesso ao segredo de como ele próprio agia em questões envolvendo dinheiro. Pois existe o princípio de que nunca houve um homem que não fosse claro em relação ao dinheiro e pudesse de fato servir a Deus; aquele que erra nesse aspecto erra em todos. Por fim e o mais relevante para nosso propósito atual, 1Coríntios 15 nos oferece o ensino mais transparente do Novo Testamento sobre o tema da ressurreição; já 2Coríntios 1 encontra o próprio Paulo se desesperando até da vida, "para que não confiássemos em nós mesmos, mas em Deus, que ressuscita os mortos" (v. 9).

Para Paulo, a doutrina é sustentada em toda parte pela experiência. Nada mais constitui base alguma para o ministério, não importa o que os homens pensem sobre o assunto hoje. Um ministério edificado em cima de mera teoria leva só ao empobrecimento; um ministério de vida brota essencialmente da experiência. O livro de 1Coríntios está preocupado com os dons e a pregação; já 2Coríntios, com a vida. Porque a morte de Cristo opera nele, Paulo tem vida; e porque ele tem vida, outras pessoas também a têm. O ministério de 1Coríntios, e na verdade de todas as suas epístolas, é baseado no homem de 2Coríntios.

O tesouro em vaso de barro

Avancemos agora e voltemos a atenção para algo que surge disso tudo, o já citado elemento da aparente contradição de Paulo.

Ao lermos 2Coríntios com cuidado, temos a impressão de encontrar dois indivíduos: Paulo em si e Paulo em Cristo. Quem observava Paulo o considerava uma anomalia. Humilde e frágil como presença física, sem eloquência nem importância no discurso, mas por algum motivo confiante e audaz, rico em conhecimento, vigoroso e duro nas cartas (v. 2Coríntios 10.1,10; 11.6). Suas relações com os homens eram sempre marcadas pela coerência, fato esse promovido por sua determinação obstinada de conhecê-los não mais "segundo a carne", mas sempre e apenas em Cristo (1.17; 5.16, *Nova Almeida Atualizada*). Por dentro também havia a mesma contradição aparente em sua constituição, do que há abundante evidência em diversas passagens nas quais ele usa os importantes termos "mas", "contudo", "no entanto", "todavia". Paulo chegou a escrever: "[...] a ponto de perdermos a esperança da própria vida [...] enquanto estamos nesta casa, gememos [...] atribulados de toda forma: conflitos externos, temores internos. Deus, *porém*, que consola os abatidos, consolou-nos [...]" (1.8; 5.4; 7.5,6).

E não só essa consciência dupla era uma experiência presente na vida dele na época em que escreveu 2Coríntios, como há duas grandes passagens mostrando que ela era uma experiência corriqueira (v. 4.8-10; 6.8-10). De fato, quase tudo de que Paulo fala, no capítulo de abertura da epístola até a conclusão, segue essa linha. Um princípio governante atravessa tudo, e esta é a melhor maneira de resumi-lo, nas palavras do próprio Paulo: "Mas temos esse tesouro em vasos de barro, para mostrar que o poder que a tudo excede provém de Deus, e não de nós" (4.7). Já no primeiro capítulo vemos "esse tesouro" em vaso de barro, e até o último capítulo continuamos encontrando esse vaso — mas também o tesouro.

"Temos esse tesouro em vasos de barro." É possível que essa seja a afirmação mais clara que existe da natureza do cristianismo prático. O cristianismo não é o vaso de barro, tampouco o tesouro, mas, sim, *o tesouro em vaso de barro*.

Todas as pessoas, cristãs ou não, têm seu ideal de homem. Todas têm conceitos próprios do que constitui um homem bom. Consideram que, se um homem faz tais e tais coisas, ou se comporta de determinada maneira, ou é certo tipo de pessoa, esse homem é bom. Cada um de nós conta com um padrão estabelecido na mente, e, se um homem corresponde a ele, nós o chamamos "bom". Antes de sermos salvos, tínhamos determinado padrão, mas claro que depois da salvação enxergamos que muitos dos que admirávamos na verdade nada tinham de admirável. Hoje os julgamos segundo nossa luz recém-descoberta e vemos que deixam a desejar. Nossa escala de medida foi alterada.

Tínhamos ideias próprias inclusive acerca de Cristo. Antes de sermos salvos, defendíamos certas opiniões acerca dele, mas, depois da salvação, essas opiniões foram todas deslocadas à medida que o Espírito Santo nos abria os olhos para sua verdadeira natureza. Em consequência, dispomos agora de um novo padrão de vida cristã e fazemos dele, por um lado, o objetivo em direção ao qual labutamos e, por outro lado, a medida segundo a qual julgamos as pessoas. Até aqui, tudo bem. Tendo dito isso, no entanto, quero sugerir a você que os pensamentos de Deus em relação ao que constitui um cristão verdadeiro podem levar muito mais em consideração que os nossos. Por conseguinte, ele pode exigir de nós também mais a fim de ajustar nosso modo de pensar acerca de nós mesmos e dos outros.

Qual a sua concepção de santidade? Mais que depressa pensamos nela como a ausência do vaso de barro. Imaginamos que, se pudermos alcançar um estágio em que controlamos nós mesmos, nossos afetos e emoções de tal forma que praticamente deixem de existir traços deles, então teremos atingido a santidade. Fantasiamos que a supressão dos nossos sentimentos, a ponto de ficarmos insensíveis ao sofrimento ou intocados pelos relacionamentos naturais, é prova de espiritualidade. Na verdade, achamos que se tornar espiritual é deixar de ser humano, e muitos de nós estão empenhados em encobrir o vaso de barro com base na ideia equivocada de que, se ele não puder mais ser visto, isso é santidade.

É possível perceber de pronto quando alguém está agindo dessa maneira em razão do comportamento muito artificial. A pessoa não se atreve a relaxar. Não ousa falar ou agir com liberdade para que o vaso de barro não seja exposto. Mas ela não sabe o que é o cristianismo verdadeiro. Ela é dissimulada e usa a própria artificialidade para ocultar a real condição em que se encontra. Educa-se para que o vaso de barro não apareça. Ai de mim, muitos acham que, se ao menos conseguirem chegar ao estado em que não se importam com o que se faz ou diz em sua presença, alcançaram de fato a santidade cristã.

Na época em que me tornei cristão, também tinha minha teoria do que era um cristão e tentei ao máximo corresponder a ela. Achava que, se pelo menos conseguisse chegar ao padrão que concebera, teria alcançado meu objetivo. Ser um cristão de verdade era minha ambição sincera, mas claro que um ponto de vista próprio do que isso significava. Eu achava que o verdadeiro cristão sorria da manhã até a noite! Se em algum momento derramasse uma lágrima, deixara de ser vitorioso. Achava ainda que o cristão de verdade tem de ser dono de uma coragem infalível. Se demonstrasse o mais leve sinal de temor em qualquer circunstância, julgava que ele fracassara gravemente, no sentido de que lhe faltara fé para confiar no Senhor. Na verdade, ele deixara de atingir o padrão por mim estabelecido.

Conservei essas ideias tão bem definidas sobre como o cristão deveria ser até ler 2Coríntios um dia e chegar à passagem em que Paulo se dizia entristecido (v. 6.10). Li e parei. *Paulo, entristecido!*, pensei. Depois vi que ele derramara "muitas lágrimas" (2.4) e imaginei: *Será mesmo possível que Paulo chorasse?* Vi que ficava "perplexo" (v. 4.8) e pensei: *Paulo se sentia perplexo de verdade?* E li também o seguinte: "Irmãos, não [...] desconheçam as tribulações que sofremos [...] muito além da nossa capacidade de suportar, a ponto de perdermos a esperança da própria vida" (1.8). Perguntei-me então, impressionado: *Será possível que Paulo tenha mesmo se desesperado da vida?* Nunca me ocorrera que alguém como ele pudesse viver experiências assim, mas, à medida que dei continuidade à leitura, fui aos poucos acordando para o fato de que os cristãos não são outra ordem de seres angelicais, incapazes de sentimento humano. E percebi que, afinal de contas, Paulo não estava tão distante de nós. Na verdade, descobri que ele era *um homem*, e justo do tipo que eu conhecia bem.

Inúmeras pessoas têm concepções próprias do que é um cristão. Mas essas concepções são unilaterais, visto que não passam de criação da mente humana, não de Deus. Em Paulo encontro "esse tesouro", mas, louvado seja Deus, também encontro um "vaso de barro"! E esse, repito, é o traço distintivo do cristianismo, que tenhamos "esse tesouro em vasos de barro". Eis um homem que sente medo, mas é determinado; está cercado de inimigos, mas não amarrado; parece prestes a ser derrotado, mas não destruído. Trata-se de um homem fraco, é evidente, mas capaz de afirmar que justo quando está fraco ele é forte. Percebe-se que ele carrega no corpo a morte de Jesus e, no entanto, enxerga isso como o alicerce para a manifestação da vida de Jesus em seu corpo mortal.

Porque as aparências não são a história toda. Por trás do homem em si, e refutando essas aparências, há a extrema grandiosidade do poder que é de Deus. Os homens podem vê-lo como um "enganador, desconhecido, pobre, como quem não tem nada, sim, como quem está morrendo" até — e, no entanto, Deus lhe apoiará a afirmação ousada: "sendo verdadeiro, bem conhecido, sempre alegre, enriquecendo muitos outros, possuindo tudo: eis que vivemos!" (v. 2Coríntios 6.8-10).

Poder na fraqueza

Está começando a entender o que significa ser cristão? Uma pessoa em quem coexistem aparentes incompatibilidades, mas em quem o poder de Deus triunfa todas as vezes. Alguém cuja vida conta com um paradoxo inerente, e esse paradoxo é Deus. Alguns concebem o cristianismo como sendo só tesouro e nenhum vaso. Se às vezes o vaso de barro fica evidente em um servo de Deus, essas pessoas sentem que ele é um caso perdido, ao passo que, na concepção divina, é justo nesse vaso que seu tesouro deveria ser encontrado.

A esta altura precisamos distinguir com cautela o homem da "carne" no homem — a limitação inerente ao nosso ser humano da natureza carnal do homem com sua tendência inveterada de pecar, a qual nos deixa (afora o auxílio do Espírito Santo) completamente impotentes para agradar a Deus.

Essa distinção é mais importante ainda em razão da facilidade com que, mesmo em um filho de Deus, uma coisa leva à outra e a natureza humana em nós dá lugar à natureza carnal. Que fique bem claro, portanto, que com certeza não pretendo neste capítulo desculpar ou tolerar o pecado ou a carnalidade. Há que se oferecer resistência à carne e entregá-la à morte — e morte de cruz. (Desenvolvi o tema com mais profundidade em outro local.) Todavia, nesse outro sentido, fraqueza é manter-se firme. Nosso Senhor bendito foi "crucificado em fraqueza" por nossa causa, "mas vive pelo poder de Deus" (2Coríntios 13.4); quanto a nós, é justo em nossa fraqueza que o poder *dele* deve se aperfeiçoar. Existe, portanto, uma "enfermidade" em que é possível nos gloriarmos (v. 12.9).

Paulo então nos conta que tinha um "espinho na carne" (12.7). Não tenho ideia do que era, mas sei que o enfraquecia ao extremo e que três vezes ele orou pela remoção do problema. Como resposta, no entanto, Deus apenas lhe assegurou: "[...] 'Minha graça é suficiente a você [...]' " (v. 9). Só isso — mas bastava.

Como o poder do Senhor pode ser manifestado com perfeição em um homem fraco? Pelo cristianismo; pois cristianismo *é* exatamente isso. Não a remoção da fraqueza, tampouco a mera manifestação de poder divino. Ele é a manifestação do poder divino *na presença* da fraqueza humana. Sejamos claros quanto a esse ponto. O Senhor age não por mera atitude negativa — ou seja, eliminando nossa enfermidade. Aliás, nem por mera atitude positiva — a concessão de força em qualquer lugar fortuito. Não, ele nos deixa com a enfermidade e nela concede força. Deus dá sua força aos homens, em cuja fraqueza, no entanto, ela se manifesta. Todo o tesouro que ele confere é depositado em vasos de barro.

Fé na presença de dúvida

O que acabamos de dizer é impressionante verdade no caso da fé. Muita gente me procura e conta temores e apreensões mesmo quando busca confiar no Senhor. São pessoas que apresentam seus pedidos a Deus e agarram-se a suas promessas, mas as dúvidas surgem o tempo todo de maneira espontânea. Permita-me dizer uma coisa: o tesouro da verdadeira fé aparece no vaso que pode estar sendo duramente atacado pela dúvida, e o vaso de barro, com sua presença, não anula o tesouro; antes, o tesouro, em um ambiente como esse, reluz com beleza ainda maior. Não me entenda mal, não estou encorajando a dúvida. Ela é marca de deficiência no cristão; quero, no entanto, elucidar um fato: o cristianismo não é uma questão de fé apenas, mas da fé que triunfa na presença da dúvida.

Amo relembrar a oração da igreja primitiva pela libertação de Pedro das mãos de homens maus (v. Atos 12.5). Quando Pedro voltou da prisão e bateu na porta de onde a igreja estava orando, os cristãos exclamaram: "[...] Deve ser o anjo dele" (v. 15). Percebe? Havia fé ali, fé verdadeira, do tipo capaz de obter uma resposta de Deus. Contudo, a fraqueza do homem continuava presente e a dúvida pairava no ar, por assim dizer. Já hoje a fé que muitos dentre o povo de Deus afirmam ter é maior que a exercida pelos cristãos reunidos na casa de Maria, a mãe de João, também chamado Marcos. E eles são tão positivos quanto a isso! Têm certeza de que Deus enviará um anjo e de que toda porta na prisão se abrirá diante deles. Se uma rajada de vento sopra, "Aí está Pedro batendo na porta!". Se a chuva começa a tamborilar, "Aí está Pedro batendo de novo!".

São pessoas crédulas demais, arrogantes demais. A fé delas não é necessariamente o artigo genuíno. Mesmo no cristão mais devoto o vaso de barro está presente e, ao menos para si mesmo, sempre em evidência, embora o fator determinante nunca seja o vaso, mas o tesouro que ele contém. Na vida do cristão normal, no momento exato em que a fé se levanta para se apoderar de Deus, uma questão pode se interpor ao mesmo tempo indagando se ele não poderia estar enganado. Quando está mais forte no Senhor, ele costuma se sentir mais consciente da incapacidade; quando mais corajoso, pode estar mais ciente do medo interior; e, quando mais alegre, um sentimento de angústia irrompe de imediato sobre ele outra vez. Só a extrema grandiosidade do poder o leva para o alto. Mas esse paradoxo é prova de que há um tesouro, e de que ele está onde Deus quis depositá-lo.

Deve ser sempre motivo de muita gratidão a Deus que nenhuma fraqueza apenas humana tenha de limitar o poder divino. Estamos propensos a achar que onde existe tristeza, a alegria não pode existir; onde existem lágrimas, não pode haver louvor; onde a fraqueza é evidente, deve faltar poder; quando estamos rodeados de inimigos, devemos nos sentir encurralados; onde há dúvida, não pode existir fé. Mas deixe-me proclamar com veemência e confiança que Deus procura nos conduzir ao ponto em que tudo que é humano tem o único propósito de fornecer um vaso de barro para encerrar o tesouro divino. Daqui por diante, quando tivermos consciência da depressão, não lhe demos lugar, mas ao Senhor; quando a dúvida ou o medo se levantar em nosso coração, não cedamos a eles, mas ao Senhor, e o tesouro reluzirá ainda mais glorioso por causa do vaso de barro.

Alegria em meio à dor

Na última de suas cartas, Paulo escreve a Timóteo sobre os perigos dos "últimos dias". Previne-o de que tempos atrozes virão, quando os homens serão (entre outras coisas) *"sem afeição natural [...]"* (2Timóteo 3.1-3, *Nova Almeida Atualizada*). Precisamos tomar nota disso. Eis um perigo dos últimos dias da presente era — que os homens não terão sentimentos, nem sensibilidade natural, nem afeições humanas. Claro, esse é um estado de coisas não cristão. Exemplo extremo disso é o da sociedade moderna de que ouvi falar, a qual, pelo que dizem, estabeleceu como uma das qualificações de seus agentes ativos que eles deveriam ter matado um de seus entes mais próximos e queridos. No entanto, esses versículos de Timóteo foram escritos para cristãos, não para incrédulos. Devemos concluir então que esse estado de coisas invadirá o cristianismo e será encontrado entre os que crerem no fim dos tempos? Pode ser que sim, e que os homens cheguem a um ponto em que negarão a própria responsabilidade pelos pais, esposas ou filhos, e *pensarão que, fazendo isso, estarão sendo bons cristãos*.

Sem dúvida, é verdade que o Senhor Jesus afirmou: "Se alguém vem a mim e não odeia seu próprio pai e mãe, mulher, filhos, irmãos, irmãs e até a própria vida, não pode ser meu discípulo" (Lucas 14.26, *Bíblia de Jerusalém*). Sim, ele afirmou isso, mas com certeza não disse, como alguns até hoje parecem pensar, que só os que se *regozijavam* em abandonar pai, mãe, esposa e filhos podiam ser seus discípulos. Em nome do serviço ao Senhor, há pessoas que abandonaram a própria família e os seus dependentes por pura desumanidade, não por amor a Deus. "Sou tão espiritual", dizem, "que não quero ter nada a ver com minha família". Um irmão chinês que conheci se declarava muito dedicado ao Senhor porque não se importara de abandonar a família e partir a serviço do evangelho, quando todos sabíamos que, a bem da verdade, ele nunca lhe dera a mínima. Esse tipo de coisa, com a qual Deus nada tem a ver, é bastante comum.

A verdadeira espiritualidade consiste em *importar-se*, mas ainda assim permitir que a cruz de Cristo lide com tudo que se interponha no caminho da vontade divina. Ou seja, seguimos em frente porque o Senhor nos chama, não porque ficamos felizes com uma escapatória fácil das responsabilidades domésticas. Uma regra bastante segura define que, se *não houver custo nenhum* para seguir em frente pelo Senhor, alguma coisa está errada e a manobra adotada não é espiritual. Há lugar para a vida familiar ser santificada e honrada *e, no entanto*, para a força natural em nós da vida carnal e dos afetos ser tocada e tratada por Deus.

Lembre-se, pois, outra vez: Deus olha para o tesouro *no vaso*. Isso é cristianismo, não que camuflemos o vaso revestindo-nos de inflexibilidade para suprimir todo sentimento, mas que deixemos o vaso de barro ser visto com o tesouro em seu interior. Não é o caso de atravessar situações dolorosas porque a pessoa se tornou insensível à dor, mas de manter plena consciência e ser carregado ao longo do caminho por certo Alguém, apesar da dor. O vaso de barro está ali, mas o tesouro também está. O que é o tesouro? A vida do Senhor Jesus — a vida triunfante daquele que "chorou" e "agitou-se no espírito e perturbou-se" e "começou a entristecer-se e a angustiar-se", experimentando uma "tristeza mortal" (v. João 11.33,35,38; 12.27; 13.21; Marcos 8.12; Mateus 26.37,38).

Sim, nossa humanidade é um vaso de barro. Em que então somos diferentes, como cristãos, de outros vasos?

Não por nenhuma distinção no material do vaso, mas pelo diferencial de seu conteúdo. A única coisa que nos distingue é o milagre do tesouro consagrado no interior do vaso.

Conheci um irmão muito apegado à esposa. Em uma ocasião, todos os preparativos foram feitos para que ele participasse de um *tour* de pregação que o manteria longe de casa por alguns meses. Aconteceu que, aproximando-se a hora de ele partir, ficamos sabendo, sem detalhes, que sua esposa enfrentava alguns problemas de saúde. Ficara acamada seis dias apenas antes da viagem. Um amigo lhe enviou uma carta por meu intermédio. Quando entrei na sua rua e me aproximei da casa, ele saiu acompanhado de um homem que lhe carregava a bagagem. Vi-o, mas ele não me viu. Observei-o caminhar uma pequena distância, então parar e voltar os olhos para a casa. Depois de pequena hesitação, fez menção de retornar lentamente. Não esperei mais tempo. Em vez disso, percebendo o conflito em seu espírito, segui em direção ao barco por outro caminho, sem querer incomodá-lo com minha companhia. Quando o vi subir no barco, comentei:

— Irmão, que o Senhor o abençoe.

Pareceu-me bastante feliz ao responder:

— Sim, que o Senhor de fato nos abençoe.

Alguns meses depois, quando ele voltou da viagem, perguntei-lhe se ainda se lembrava do incidente, explicando o que eu presenciara sem que ele me notasse.

— Claro que me lembro — respondeu. — Aconteceu seis dias apenas depois do nascimento do bebê. Minha esposa não tinha uma empregada para ajudá-la e precisava cuidar de outras duas crianças pequenas. Além disso, eu não conseguira lhe deixar muito dinheiro. Por isso parei na rua logo que saí de casa, sentindo que *não podia* partir com ela daquele jeito; seria uma crueldade. Contudo, quando já pensava em retroceder, um versículo me veio à mente: "[...] 'Ninguém que põe a mão no arado e olha para trás é apto para o Reino de Deus' " (Lucas 9.62). De modo que me virei outra vez e desci para o barco.

Gosto de contar essa história porque ilustra muito bem quem é o vaso de barro e qual o tesouro que ele contém. "[...] o corpo de vocês é santuário do Espírito Santo que habita em vocês [...]." (1Coríntios 6.19) Isso é vida cristã. Algumas pessoas parecem não ter nenhum vaso de barro; são espíritos incorpóreos, não seres humanos — ou, pelo menos, é o que tentam ser! Mas nos aferrarmos ao arado ao mesmo tempo que enxugamos nossas lágrimas — isso é cristianismo. A transcendência do vaso de barro pelo tesouro que contém.

Ira sem pecado

Por fim, quero implementar esse princípio na prática em um sentido um pouco diferente. Pois de vez em quando as Escrituras indicam um sentido positivo em que essa dualidade da nossa existência na terra — o vaso humano e a vida espiritual implantada dentro dele pelo novo nascimento — deveria operar. Em Efésios 4.26,27 o apóstolo Paulo diz: "Se vocês ficarem com raiva, não deixem que isso faça com que pequem [...]" (*Nova Tradução na Linguagem de Hoje*). O que sabemos sobre isso? Claro, ficar com raiva e pecar é sempre errado; irar-se e pecar é sempre errado; mas quantos de nós pensam que o único jeito de evitar o pecado é não dar lugar à raiva? Simplesmente não sabemos *como* sentir raiva e ainda assim não pecar.

Aqui também ajuda muito olhar para a humanidade do Senhor Jesus. Quando ele atravessou o mar com os discípulos em meio à tempestade, lemos que eles ficaram com medo e gritaram. O que o Senhor fez? Não os ajudou apenas em sua necessidade; lemos que também os repreendeu, dizendo: "[...] 'Por que vocês estão com tanto medo, homens de pequena fé?' [...]" (Mateus 8.26). Alegra-me que o Senhor fosse capaz de sentir as coisas com tanta intensidade e proferir palavras simples como essas. Quantos santos foram auxiliados no decorrer dos séculos por esse desafio! De novo, quando os discípulos levaram a Jesus o menino que sofria convulsões, o Senhor disse: "[...] 'Ó geração incrédula e perversa, até quando estarei com vocês? Até quando terei que suportá-los? [...]' " (Mateus 17.17). Quantos de nós também têm sido incitados por essas palavras a procurar aprender a lição daquele incidente!

Aos fariseus, quando a ocasião pedia, ele era capaz de falar com força tremenda: "[...] por causa da sua tradição, vocês anulam a palavra de Deus. Hipócritas!"; "Ai de vocês, guias cegos! [...]" (Mateus 15.6,7; 23.16ss). E quando ele entrou no templo e expulsou quem vendia e comprava naquele local, chegando a derrubar as mesas dos cambistas, disseram a seu respeito: "[...] 'O zelo pela tua casa me consumirá' " (João 2.17). A indignação mexia com ele. Mas, infelizmente, como são poucos os cristãos que conhecem a incitação controlada pelo Espírito de que o Senhor era íntimo e, por conseguinte, como são poucos os que sabem alguma coisa da autoridade espiritual que acompanha essa incitação! No entanto, não havia contradição em Jesus. Ele podia declarar: "Ai de você, Corazim! Ai de você, Betsaida! [...]" e, na mesma ocasião e sem ser incoerente, dizer: "[...]

'Eu te louvo, Pai, Senhor do céu e da terra [...]' " (Lucas 10.13,21; cf. Mateus 11.20-25).

A questão é: para os cristãos existe uma raiva separada do pecado. Todavia, mesmo cristãos sinceros costumam não entender como distinguir o pecado da ira e, por isso, descartam tanto um quanto a outra. Muita coisa no mundo tem de ser repreendida, mas quantos conhecem de verdade como administrar essa reprimenda? Bem poucos, lamentavelmente. Perdemos esse poder. Dar tapinhas no ombro de alguém que está errado e ao mesmo tempo fazer de conta que não vemos os seus feitos para preservar a amizade é um subterfúgio barato. Repreendê-lo pode custar caro, mas talvez o Senhor o exija de nós.

Por que não conseguimos repreender as pessoas? Porque quase sempre, ao fazê-lo, nós mesmos nos expomos à repreensão, visto não sabermos ficar com raiva sem nos rendermos ao pecado. Não estamos de fato sob a restrição do Espírito Santo em relação a isso como deveríamos. Na verdade, muitos de nós não percorremos o caminho que torna possível essa restrição. Porque raiva sem pecado sempre custa caro por pressupor o tratamento divino inicial em nós pela cruz. Em nossos pensamentos e emoções (como somos por natureza, e à parte do Espírito de Deus), pecado e raiva são mesmo inseparáveis, pois, diferentemente do Senhor Jesus, nossa humanidade é caída; e nossa carne, pecaminosa. Em nós há uma contradição essencial, ao passo que em Jesus ela inexiste, e, se nos rendermos à raiva, com certeza pecaremos.

Todavia, ficar com raiva sem cometer pecado não é apenas uma possibilidade; é um mandamento. "Se vocês ficarem com raiva, não deixem que isso faça com que pequem, e não fiquem o dia inteiro com raiva. Não deem ao Diabo oportunidade para tentar você" (Efésios 4.26,27, *Nova Tradução na Linguagem de Hoje*). Implícito nessas palavras está um segredo para ficar com raiva, mas não pecar, qual seja, para cuidarmos de não conservar a raiva até o anoitecer. Em outras palavras, *nós* não devemos entrar nessa. Se abrigarmos a raiva depois do evento que a provocou, isso prova que a raiva nos tocou; e, quando *somos* tocados por ela, pode ter certeza da existência do pecado. Ou seja, Deus estabeleceu aqui um limite de tempo benéfico para nós: podemos ser incitados a sentir raiva, mas não devemos permitir que o sol se ponha sobre ela. Pode haver raiva sem pecado quando, embora cheios de raiva, permanecemos debaixo do controle divino, de modo que, chegada a hora de a raiva cessar, ela cessa de fato. Só quando *nós* nos intrometemos e assumimos o controle, a raiva não pode ser detida.

A maioria dos filhos de Deus sabe que a raiva é uma emoção humana. Quando cheios dela por motivos justificáveis, sabem que é errado ceder a ela permitindo que se prolongue. Apesar disso, infelizmente, há um número enorme de pessoas que lhe dão rédeas repetidas vezes e permitem que suas emoções fujam a qualquer controle. No outro extremo estão os que procuram fugir do problema tentando suprimir toda emoção natural em si mesmos. Os problemas lhes sobrevêm, e eles dão um jeito de se manter impassíveis, sem que se abalem. Pois bem, no primeiro desses extremos sem dúvida conseguimos ver razão para culpa, mas não percebemos com tanta facilidade que o segundo também representa uma fuga simples demais da responsabilidade. Não se pretende que nós, controlando-nos com firmeza, eliminemos toda emoção humana até que acabemos nos tornando frígidos como o gelo. Na verdade, quem alcança esse estado vira um dreno para as pessoas que o rodeiam, que têm de compensar de alguma forma, do lado delas, a deficiência de "afeto natural", caso pretendam que o relacionamento permaneça razoavelmente confortável. Não, em vez disso, precisamos permitir que o Espírito Santo de Deus faça uso de nossas emoções e poder de expressão. Claro, é verdade que ele deve estar no comando. Lógico, precisamos ter o tesouro divino — sim, mas não na geladeira! Além dele, necessitamos do vaso de barro que deve contê-lo e por meio do qual ele há de se expressar.

Sentir raiva e pecar é pecado; mas repito: *existe* raiva sem pecado. Podemos nos irar e ainda assim ter amor em nosso coração. É perfeitamente possível ser instigado a sentir raiva e, no entanto, chorar por aqueles contra quem essa raiva está sendo atiçada. Paulo chorava, mas ainda era capaz de ser firme. "Mesmo que a minha carta tenha causado tristeza a vocês [...]", ele escreve. "[...] Quem não se escandaliza, que eu não me queime por dentro?" E novamente: "[...] quando voltar, não os pouparei" (2Coríntios 7.8; 11.29; 13.2). Deus quer esse vaso de barro descoberto ou sem camuflagem, mas *controlado pelo tesouro.*

Nisso está a glória do cristianismo, que o tesouro de Deus possa ser manifestado em cada vaso humilde de barro. O cristianismo é um paradoxo, e, ao vivermos essa vida paradoxal, nós, cristãos, conhecemos Deus. De fato, quanto mais longe avançamos na vida cristã, mais paradoxal ela se torna. O tesouro vai ficando cada vez mais manifesto, mas o vaso de barro ainda é um vaso de barro. Isso é muito bonito. Veja a paciência divina no homem impaciente por natureza e compare essa visão com um homem que nunca sai do sério. Veja a humildade divina em alguém arrogante por natureza e compare com alguém que sempre teve uma disposição reservada. Veja a força de Deus em uma pessoa de temperamento fraco e compare com uma personalidade naturalmente forte. A diferença é imensurável.

Pessoas fracas por natureza estão propensas a subestimar o valor que têm para o Senhor só por causa da evidente constituição de barro do seu vaso. Mas onde está a base para o desalento quando o tesouro *interior* é de tal natureza que adquire esplendor adicional justo pelo fato de rebrilhar *por meio de* um vaso de barro? Irmãos e irmãs, permitam-me dizer mais uma vez, a questão toda é a qualidade do tesouro, não as deficiências do vaso que o contém. É tolice destacar o lado negativo; nossa preocupação é com o positivo. Vemos de pronto que alguns cristãos são rápidos ou lentos, medrosos ou impulsivos, crédulos ou impacientes por natureza. No entanto — e esse é o milagre — está presente neles ao mesmo tempo um tesouro precioso que, pelo fato de a marca da cruz pairar sobre sua humana fragilidade, brilha em triunfo no meio de tudo isso. A excelsa grandiosidade do poder não nos pertence — mas a Deus.

CAPÍTULO 5

O firme fundamento de Deus

Os trechos autobiográficos de 2Coríntios chamam nossa atenção para um aspecto da caminhada pessoal dos cristãos com seu Senhor que está presente ali, evidenciado pelo relato do apóstolo Paulo de suas experiências como ministro do evangelho. Passando agora para o que consideramos o elemento distintivo e característico do ministério paulino, começaremos retornando à sua carta aos Romanos. Em especial, à última parte dela. O capítulo 12 da carta se inicia com um apelo para que nos apresentemos como servos da vontade de Deus. Tamanha consagração é a consequência "racional" de tudo que o apóstolo disse até então, tanto em relação à fé pessoal quanto à eleição divina. Logo em seguida, nós o encontramos aludindo ao "corpo de Cristo". A expressão é a que melhor se adéqua ao tema do estudo que temos agora à nossa frente. "[...] somos um só corpo em Cristo", diz Paulo, "mas individualmente somos membros uns dos outros" (Romanos 12.5, *Almeida Revista e Corrigida*). O que ele quer dizer?

Paulo ensina que desde a eternidade há algo no coração de Deus que seu Filho encarnado foi ungido para concretizar. Ele fala disso como um "mistério" — ou seja, um segredo divino, guardado ao longo das eras e só agora revelado por Deus a seus servos por meio da "proclamação de Jesus Cristo" (Romanos 16.25) nesse novo dia do Espírito. Seu desdobramento nos apresenta uma diferença fundamental entre nossa ideia de salvação e a de Deus — entre nossa concepção da obra redentora da cruz e a concepção divina plena.

Como dissemos anteriormente ao discorrer sobre os capítulos 1—8 de Romanos, todos cremos que a cruz de Cristo é essencial para a obra inteira de Deus, a quem louvamos por deixar esse fato claro para o nosso coração. Contudo, precisamos nos lembrar de que a cruz foi e é um meio para um fim, jamais um fim em si mesma. O objetivo divino ao qual se pretende que ela conduza é isso que Paulo denomina "o corpo de Cristo". Se conhecermos a cruz como Deus quer que ela seja conhecida, é inevitável que nos encontremos dentro do corpo. Não pode ser de outra forma. Se não estamos dentro dele em espírito, precisamos confessar que até o momento a cruz só realizou parte de sua obra transformadora.

Salvação, perdão, justificação, libertação, santificação pessoal, vida vitoriosa, andar pelo Espírito, todos esses frutos tão preciosos da redenção são para nosso desfrute, mas não são feitos para se aplicarem a nós apenas como infinitas unidades separadas, espalhadas sobre a terra por Deus. O valor desses frutos deve ir além disso. A salvação diz respeito ao corpo, a libertação diz respeito ao corpo, a santificação pessoal diz respeito ao corpo. Pode ser verdade que os filhos de Abraão são como a areia da praia em termos de quantidade. Não obstante, na condição de cristãos, Deus preferiria que nos víssemos não como homens, mas como um homem específico. O alvo do pensamento divino é na verdade um homem celestial, não uma multidão de homenzinhos.

Confesso que não resisti à tentação de dizer isso em resposta a um interlocutor quando eu estava pregando o evangelho em uma aldeia chinesa. Um estudioso ouvia com atenção e, depois de certo tempo, comentou:

— Sr. Nee, o senhor prega sua religião com o intuito de levar-nos, pobres pecadores que somos, para o céu. Mas não acho que *eu* entrarei lá, de modo algum. Estará cheio demais!

Naquelas circunstâncias, minha resposta passou longe de ser simples. Em retrospectiva, receio que o que eu quis dizer se perderia para aquele homem, não fosse o auxílio do Espírito.

— O senhor está enganado — respondi. — O céu jamais ficará cheio demais. No céu inteiro haverá um único Homem, não dois, muito menos uma multidão! O único Homem no céu é o novo Homem de Deus — ninguém menos que o Filho de Deus e aqueles que, pela fé, estão nele. É *aí* que ele quer o senhor!

Claro que isso é verdade. Deus vê seu povo não como unidades desconexas, mas como esse único homem celestial: Cristo, a cabeça, e nós, os membros. Essa foi a descoberta que o apóstolo Paulo fez.

Ele não nos conta como a nova revelação de Cristo lhe ocorreu. Na verdade, embora fosse homem de profunda experiência e muita história sigilosa com Deus, impressiona que ele guarde tamanho silêncio acerca da natureza e meio de suas "visões e revelações do Senhor" (2Coríntios 12.1). Não seria proveitoso, disse ele, que se gloriasse nelas, e só contrariando os próprios desejos e debaixo de forte coação das circunstâncias ele falou das visões de "um homem em Cristo que há catorze anos foi arrebatado" (2Coríntios 12.2). Catorze anos! No entanto, muitos de nós, mal recebemos alguma coisa da parte de Deus, e Xangai inteira fica sabendo! Omiti-lo nem que fosse por dois anos seria uma proeza. Mas Paulo, mesmo decorridos catorze anos, não nos conta *o que* foi essa visão, exceto que se tratou de uma revelação adicional de Jesus Cristo. O que está claro é que causou profunda impressão nele, e sem dúvida o que ele viu se revelou em termos práticos no seu ministério.

A cruz e o corpo

"[...] Mas agora, em Cristo Jesus, vocês [...] foram aproximados mediante o sangue de Cristo. Pois ele é a nossa paz, o qual de ambos [judeus e gentios] fez um [...] [para] criar em si mesmo, dos dois, um novo homem [...] e reconciliar com Deus os dois em um corpo, por meio da cruz [...]" (v. Efésios 2.11-22). A pergunta que devemos nos fazer é: o que é esse "um corpo", esse "um novo homem"? Qual é esse mistério de Cristo que Paulo teve a oportunidade de enxergar?

Em Romanos 6.6, Paulo fala do "nosso velho homem", com o que se refere a tudo que recebemos do "primeiro homem, Adão" (1Coríntios 15.45). Ele vê esse "velho homem" como alguém que foi pregado na cruz com Cristo. Em Colossenses 3.10,11 ele menciona o "novo [homem]" como o espaço no qual agora "já não há diferença entre grego e judeu [...] mas Cristo é tudo e está em todos". Para nosso velho homem, só existia a crucificação com Cristo; no novo homem, Cristo, encontramo-nos em união com ele, ressurretos e alçados ao céu. Entre um e outro, eleva-se a cruz como único portal para essa comunhão entre um e outro em Jesus Cristo.

Você me pergunta: o que quero dizer quando uso o termo "a cruz" dessa maneira? Acho que a melhor síntese para isso está nas palavras que a multidão empregou contra sua vítima: "[...] 'Mata! Mata! Crucifica-o!' [...]' "(João 19.15). A crucificação, humanamente falando, é um fim. O propósito divino para a cruz de Cristo é ser, antes de mais nada, o fim de tudo no homem que esteve debaixo da sentença de morte de Cristo. Pois foi ali que ele tomou nosso lugar e o juízo de Deus nele se cumpriu.

Todavia, a cruz tem um valor a mais para nós porque também é nela que a vida natural autossuficiente e individualista do cristão é quebrantada, como a força e a independência natural de Jacó foram quebrantadas em Jaboque. Sempre chega o dia, na relação de Deus com cada um de nós, que sofremos na alma essa ferida incapacitante e passamos a "andar como aleijados". Deus nunca permite que isso fique apenas na teoria em nossa vida. Ai de mim!, devo confessar que por muitos anos isso *não passou* de teoria para mim. Eu mesmo pregara "a cruz" nesse sentido exato, mas sem saber nada dela por experiência — até um dia *ver* que fora eu, Nee To-sheng, quem morrera naquele lugar com Cristo. "Mata! Mata! Crucifica-o!", tinham bradado e, ao fazê-lo, embora sem consciência desse fato, reverberavam o eco do veredito divino contra meu velho homem. A sentença que pesava sobre mim foi executada *no Senhor Jesus Cristo*. Essa tremenda descoberta me afetou quase tanto quanto minha descoberta da salvação. Deixou-me humilhado por sete meses inteiros a ponto de eu não conseguir pregar, e por muito tempo, devo confessar, a pregação era a paixão que me consumia.

Contudo, se enxergar esse aspecto de certa forma negativo da cruz pode ser uma experiência tão drástica, não surpreende que o aspecto positivo — a revelação ao nosso coração do corpo celestial de Cristo — venha se provando para muitos nada menos que revolucionário. É como descobrir-se de repente em um lugar que até então você só conhecesse de ouvir falar. Como a realidade se mostra diferente! Ler o guia de Londres não substitui uma visita à cidade. Nem pode o livro de receitas tomar o lugar de um período trabalhando na cozinha. Para conhecermos qualquer coisa por experiência, devemos cedo ou tarde nos envolvermos com ela em nível pessoal.

Sim, há certas experiências fundamentais que precisamos ter, e "enxergar" o corpo de Cristo, o homem celestial, é uma delas. O que é isso? Consiste na simples descoberta de valores que, como eu disse, estão do lado da cruz da ressurreição. Ali, o que já tem sido para nós uma forma de libertação *da* nossa velha "vida natural" egocêntrica em Adão se torna a porta de entrada *na* "vida eterna" em Cristo, nova e compartilhada. Pois, ao contrário de outras crucificações romanas, a cruz de Cristo não se resume a um fim; é também um começo. Em sua morte e ressurreição, nossa desunião dá lugar à unidade de vida nele.

Deus não se dá por satisfeito com cristãos sozinhos, separados. A partir do momento em que cremos no Senhor, passamos a participar dele, tornamo-nos membros do seu corpo. Oh, que Deus faça essa realidade resplandecer em nós! Corro atrás de experiências espirituais para mim mesmo? Produzo convertidos para minha denominação? Ou apropriei-me da sabedoria do homem celestial e entendi que Deus procura trazer homens para ela? Quando isso acontecer, salvação, libertação, enchimento com o Espírito, sim, tudo da experiência cristã será encarado de um novo ponto de vista, tudo estará transformado para mim.

Precisamos agora buscar desenvolver ainda mais alguns aspectos desse assunto. No Novo Testamento, vemos a Igreja sendo descrita como casa ou templo espiritual ("morada de Deus por seu Espírito", v. Efésios 2.22), como corpo ou homem ("o corpo de Cristo", v. 1Coríntios 12.27; "um novo homem", v. Efésios 2.15) e como esposa ("uma noiva adornada para o seu marido", v. Apocalipse 21.2). Precisamos ter em mente essas analogias durante o que segue. No restante do capítulo, falaremos do alicerce da Igreja e então, nos quatro capítulos subsequentes, tocaremos, uma por vez, nas questões de seu caráter eterno, de sua comunhão, de seus ministérios e de seu atual chamado e tarefa sublimes. Mesmo assim, não teremos concluído o tema da Igreja, pois tão grande é sua importância para Deus que, quando chegarmos ao ministério do apóstolo João, não poderemos deixar de perceber o imenso lugar que ela ocupa no fim.

Sobre esta pedra

"Conforme a graça de Deus que me foi concedida, eu, como sábio construtor, lancei o alicerce [...]" (1Coríntios 3.10), escreve Paulo aos coríntios. O que era esse alicerce de que ele fala? Com certeza nada que lhe fosse peculiar, nem que tivesse se originado com ele. Tratava-se de alguma coisa que os apóstolos tinham em comum. Precisamos voltar um instante aos Evangelhos e às palavras do próprio Senhor Jesus a fim de obtermos uma primeira definição desse alicerce. Ouça-o em Cesareia de Filipe, quando ele se dirige a Simão Pedro nos seguintes e impressionantes termos: "[...]

você é Pedro, e sobre esta pedra edificarei a minha igreja [...]" (Mateus 16.18).

É importante compreender a passagem porque, como veremos, ela define realmente o ponto do qual, mais adiante, Paulo começa. O que Jesus está querendo dizer? Você é *Petros*, uma pedra — a qual será usada em conjunto com outras na construção da estrutura básica da minha Igreja (v. Efésios 2.20; Apocalipse 21.19) — e sobre essa pedra ele edificará. Sendo assim, o que é a Igreja? Uma estrutura de pedras vivas alicerçada em cima de uma pedra. E o que é essa pedra? É aqui que precisamos ser muito claros. Trata-se de uma *confissão* baseada na *revelação* de uma *pessoa*.

Jesus, que nunca pareceu se importar com o que os homens diziam ou pensavam a seu respeito, de repente propôs a pergunta a seus discípulos: "[...] 'Quem os outros dizem que o Filho do homem é?' " (Mateus 16.13). Então, afastando-se dos pontos de vista e especulações das pessoas, foi um passo além: "[...] 'Quem *vocês* dizem que eu sou?' " (v. 15). Seu desafio provocou a confissão histórica e espontânea de Pedro: "[...] *'Tu és o Cristo, o Filho do Deus vivo'* " (v. 16). Assim, é legítimo dizer que a Igreja está edificada sobre uma confissão, pois "dizer" é confessar, não apenas correr o risco de dar uma opinião. Ademais, não foi uma confissão vazia como hoje poderia acontecer baseada em estudo ou dedução ou "ponto de vista". Como Jesus deixou claro, a confissão de Pedro foi provocada por uma revelação concedida por Deus: "[...] isto não foi revelado a você por carne ou sangue, mas por meu Pai que está nos céus" (v. 17). Mais ainda, foi uma revelação do caráter e significado verdadeiros de Jesus, não de meros fatos sobre ele — ou seja, não apenas do que os Evangelhos nos dizem que ele fez, mas do que e de quem ele é. Quanto à pessoa, ele é o Filho do Deus vivo; quanto ao ofício e ministério, ele é o Cristo. Tudo isso estava contido nas palavras de Pedro.

Mais tarde, como dissemos, essa descoberta dupla haveria de se tornar o ponto de partida de Paulo. Leia de novo, por exemplo, suas palavras iniciais dirigidas aos romanos. O Jesus a quem perseguimos, afirma ele, "mediante o Espírito de santidade foi declarado Filho de Deus com poder, pela sua ressurreição dentre os mortos: Jesus Cristo, nosso Senhor" (Romanos 1.4). Tudo que ele escreve às igrejas está fundamentado sobre essa revelação concernente a Jesus. De eternidade a eternidade, ele é o Filho de Deus: esse é o primeiro ponto. Mas chegou um dia em que, revestindo-se da forma de servo, ele se tornou também o Cristo, o ungido, ministro de Deus. Todo o propósito de Deus e todas as esperanças de Deus estão atrelados a esse Cristo ressurreto. Aquele que foi separado e ungido como alicerce seguro de Deus.

Mas, se ele é o alicerce, somos as pedras vivas. Reconhecer Cristo é reconhecer também os cristãos e, por intermédio deles, o plano de Deus para o Universo. Pois teremos pouca serventia para Deus se conhecermos apenas a *nossa* salvação e não tivermos nenhum vislumbre do propósito para o qual ele nos inseriu em uma relação com seu Filho. Quantos afirmam ter a unção do Espírito e, no entanto, parecem bastante alheios ao fato de que a razão pela qual o Espírito é concedido a Cristo e a seus *membros* é uma só! Há um só objetivo divino! Enxergar isso é de repente enxergar a extrema pequenez de todo o nosso trabalho que no passado não teve relação com esse fim.

Sejamos claros acerca do fato de que a Igreja não é apenas um grupo de pessoas cujos pecados estão perdoados e que estão a caminho do céu; ela é um grupo cujos olhos foram abertos por Deus para reconhecer a pessoa e obra do Filho. Isso é muito mais do que o homem consegue ver, saber ou controlar — mais até que as experiências exteriores dos discípulos que por três anos, companheiros constantes do Senhor, comeram e dormiram, andaram e viveram com ele. A felicidade era mesmo grande, e quantos de nós não trocariam alegremente de lugar com Pedro por alguns dias! Mas nem a experiência deles os uniu ao Senhor como partes da Igreja. Só a revelação de Deus de quem é Cristo pode fazer isso por você e por mim. A pedra é Cristo — sim, mas um Cristo revelado, não teórico ou doutrinário. Vinte anos entre cristãos e uma vida inteira no exercício da teologia não nos edificarão como sua Igreja. É o conhecimento interior, não exterior, que tem esse resultado. "Esta é a vida eterna: que te conheçam, o único Deus verdadeiro, e a Jesus Cristo, a quem enviaste" (João 17.3).

"[...] Ninguém sabe quem é o Filho, a não ser o Pai [...]." (Lucas 10.22) Carne e sangue não podem conhecer o homem a quem Deus estabeleceu. No entanto, ele precisa ser conhecido, pois o alicerce da Igreja é não apenas Cristo, mas o conhecimento de Cristo. Hoje a tragédia é que muitos presentes dentro das igrejas — na verdade, muitas autoproclamadas igrejas — carecem desse alicerce. Contudo, a teoria não prevalecerá contra o inferno, coisa que Jesus declara que sua Igreja deve fazer. Acaso nos esquecemos para que existimos? Visitando casas ocidentais, às vezes vejo um belo prato de porcelana não em uso sobre a mesa, mas pendurado na parede por um arame como ornamento. Parece-me que muitos pensam a Igreja mais ou menos assim: algo a ser admirado pela perfeição da forma e do modelo. Mas não, Igreja é para pôr em uso, não para decoração.

Conhecimento intelectual, instrução, ordem podem produzir uma aparência de vida sob condições favoráveis, mas, quando os portões do inferno se voltam contra nós, logo nos revelam nosso verdadeiro estado. Muitos, mas muitos mesmo, viram e seguiram Jesus, se acotovelaram ao redor dele, foram por ele tocados e curados; todavia, não o conheceram. A um dos que o seguiram, no entanto, foram dirigidas as seguintes palavras: "[...] sobre esta pedra edificarei [...]" (Mateus 16.18). Podemos achar que somos tão bons quanto Pedro — talvez até um pouco melhores. Ele caiu quando tentado. Sim, mas não foi melhor em sua queda do que muita gente? Ele negou — mas conseguiu chorar, pois tinha conhecimento. Muitos não caem, mas tampouco conhecem.

É o conhecimento em primeira mão que conta na hora da provação. Não quero dizer que os membros da Igreja não deveriam se ajudar uns aos outros, mas o que é apenas transmitido de uma pessoa para outra tem pouca serventia se não estiver acompanhado de uma revelação do céu. Não resistirá ao fogo. Por isso, no termo que usamos para mártir, *hsuin taochoe*, "aquele que é imolado por uma doutrina", penso que *tao* esteja errado, pois quem morre por qualquer doutrina? Houve tempo em que tive medo de que um modernista aparecesse e me provasse que a Bíblia não era confiável. O mesmo se aplicaria então aos fatos históricos em que minha fé se fundamentava. Caso isso acontecesse, pensava, seria o fim de tudo; eu *queria* acreditar. Mas hoje tudo está em paz. Se homens apresentassem tantos argumentos quantos são os cartuchos nos arsenais da Europa, não faria a menor diferença para mim — pois detenho o conhecimento! A erudição que recebemos dos homens pode nos enganar. Na melhor das hipóteses, é imperfeita e, por excelente que seja, podemos esquecê-la. Mas o Pai revelou o Filho que ele conhecia a Pedro. Essa revelação é o cristianismo. Não existe Igreja sem ele. Eu, internamente, reconheço Jesus como Filho de Deus e como Cristo — esse é o cerne de tudo. A resposta de Jesus a Pedro não foi "Você acertou a resposta", mas "Deus a revelou a você!".

Assim, a pedra define os limites da Igreja. Eles se estendem para onde quer que essa confissão suba até Deus a partir do coração — e nem um centímetro além. Lembre-se: a confissão feita não era genérica; ela brotou da revelação. E tampouco de uma revelação genérica, mas da revelação que dizia respeito a um homem, o Filho do homem. Não existe nada que dê maior satisfação a Deus do que a confissão de si mesmo. Jesus dizia com frequência: "Eu sou". Ele ama nos ouvir dizer "O Senhor é". Fazemos isso pouquíssimo. "O Senhor é Senhor!" Quando tudo dá errado e há confusão para todo lado, não ore, apenas confesse que Jesus é Senhor. Hoje, quando houver grande tumulto no mundo, levante-se e proclame que Jesus é Rei dos reis e Senhor dos senhores. Ele ama nos ouvir dizer aquilo de que temos *conhecimento*. A Igreja atual é a voz de Cristo estabelecida aqui na terra.

Se Deus não abriu nossos olhos para enxergarmos que a morte é o poder, a arma dos portões do inferno, com certeza não conheceremos o valor de nos manifestarmos. Mas quando de repente, em alguma circunstância até então imprevista, para nosso espanto acharmos que a fé parece não funcionar, a oração parece não funcionar, aprenderemos a necessidade de proclamar Cristo. E, ao fazê-lo, descobriremos o que Deus estava esperando. "O Senhor é Senhor. O Senhor é vitorioso. O Senhor é Rei." A melhor de todas as orações não diz "Eu quero", e sim "O Senhor é". Pela revelação a nós concedida, falemos. Em reuniões de oração, no partir do pão, sozinhos diante do Senhor, no meio do mundo lotado ou na hora escura da necessidade, aprenda a proclamar: "O Senhor é meu Deus". Essa é a voz da Igreja, a voz de Deus na terra, a voz que, acima de tudo mais, o inferno teme.

Sabedoria celestial

O apóstolo Paulo ocupa lugar de destaque em uma longa fila de homens aos quais Deus se agradou de tornar conhecida parte do seu propósito. "[...] 'Esconderei de Abraão o que estou para fazer?' " (Gênesis 18.17) "Certa vez, José teve um sonho e, quando o contou a seus irmãos, eles passaram a odiá-lo ainda mais" (37.5). "[...] 'Ajuntem-se a meu [de Jacó] lado para que eu lhes diga o que lhes acontecerá nos dias que virão'." (49.1) "Façam tudo como eu lhe [a Moisés] mostrar [...]" (Êxodo 25.9). "[...] Tudo isso me foi dado [a Davi] por escrito por mandado do SENHOR, a saber, todas as obras desta planta" (1Crônicas 28.19, *Nova Almeida Atualizada*). "[...] 'Feliz é você, Simão, filho de Jonas! Porque isto não foi revelado a você por carne ou sangue, mas por meu Pai que está nos céus' " (Mateus 16.17). "[...] o mistério que me [a Paulo] foi dado a conhecer por revelação [...] [o] mistério de Cristo [...] revelado pelo Espírito aos santos apóstolos e profetas de Deus" (Efésios 3.3-5). "Pois não deixei de proclamar a vocês toda a vontade de Deus" (Atos 20.27). Nenhum desses homens adquiriu o conhecimento da obra de Deus pelo exercício da própria inteligência, pois toda a obra divina está relacionada com seu propósito eterno em Cristo, e esse propósito só pode ser conhecido quando Deus retira o véu. Que dificuldade isso representa para pessoas inteligentes!

Dos muitos servos típicos de Deus no Antigo Testamento, José talvez seja o mais perfeito. No entanto, mesmo as Escrituras não revelando nenhum defeito aparente de caráter, bem sabemos que seu caminho não foi nada fácil. Quando seus problemas começaram? Com certeza, a partir dos sonhos que ele teve. Neles José viu o que Deus faria e reconheceu o lugar que lhe tocaria no plano divino. Foram seus sonhos que deram início a tudo. Representam a visão espiritual. Por meio deles José contemplou o que seus irmãos não conseguiam ver. " 'Lá vem aquele sonhador!' [...]" (Gênesis 37.19), disseram e o odiaram. Mas, porque via, José pôde se manter firme em meio a todas essas experiências horríveis, e por seu intermédio Deus foi capaz de cumprir o plano que traçara para seu povo na terra.

Quando Moisés surgiu, a nação estava formada, mas, claro, ainda no Egito. Deus o levantou para tirá-los dali e lhe foi mostrado o que o Senhor faria para relacioná-los, como povo, a si próprio, centro da vida deles. Moisés enxergou esse padrão no monte. No devido tempo, a vida inteira de Israel passaria a girar em torno do tabernáculo e da presença divina no meio deles. Desse modo, Moisés se dedicou à edificação, mas não de acordo com as próprias ideias — não se atreveu a uma coisa dessa —, e sim, como acontecera com José, de acordo com o que *via*. Pois a visão não é nossa opinião sobre o que Deus *deveria* fazer; é enxergar o que ele *fará*.

Onde a obra de Deus começa? Do lado de Deus, o ponto de partida está na eternidade passada; do nosso lado, coincide com o ponto em que recebemos a revelação de Cristo. O início de uma verdadeira obra divina em nós não acontece quando nos consagramos a ele, mas quando *enxergamos*. A consagração deveria resultar *da* visão espiritual; jamais tomar-lhe o lugar.

Eis onde começa a obra de Deus. Nosso trabalho pode se iniciar a qualquer tempo; a obra de Deus por nosso intermédio só pode nascer da *visão* divinamente concedida.

Precisamos enxergar o alvo de Deus em Cristo. Sem essa visão, nosso serviço para Deus segue o impulso das ideias que nos são próprias, mas não pode concordar com o plano de Deus. Quando recorremos a Paulo, vemos que para ele essa revelação era constituída de duas partes. "[...] agradou [a Deus] revelar o seu Filho em mim [...]" (Gálatas 1.15,16); foi uma revelação interior, subjetiva, se lhe agrada o termo. "[...] não fui desobediente à visão celestial" (Atos 26.19); tratou-se de uma visão exterior, objetiva, concreta, prática. O interior e o exterior juntos perfazem a integralidade perfeita, considerando que ambos são insuficientes um sem o outro. E hoje é essa a necessidade da Igreja, do povo de Deus. A revelação interior tem de acompanhar a visão exterior. Não só conhecendo o Senhor no interior, mas conhecendo também o propósito eterno de Deus; não se detendo no alicerce, mas compreendendo também como edificar em cima dele. Deus não fica satisfeito conosco quando executamos pequenas tarefas aqui e ali; isso fazem os servos. Somos seus amigos e, como tais, deveríamos conhecer seus planos.

O que compeliu Paulo a se consagrar foi esse lampejo de luz proveniente do céu. A obediência nasceu da visão. Pois, conquanto permaneça verdadeiro que todo compromisso pessoal com Deus é precioso para ele, o compromisso pessoal cego não lhe serve de grande coisa. Existe, penso, uma diferença entre a consagração inicial, pura, mas desprovida de orientação, que se segue à conversão, e a consagração posterior de nós mesmos, passível de acontecer depois de vermos o plano de Deus. A primeira é individual, baseada em nossa salvação, e Deus pode não impor de imediato exigências severas sobre ela. Mas, quando ele revela sua necessidade e nos mostra o que deseja que seja feito, e ainda, depois disso, pede que nos disponhamos e ouve nossa resposta, então acontece de suas exigências sobre a consagração se intensificarem. Demos nossa palavra com base em um novo entendimento, e outra vez ele considera o que dissemos ao pé da letra. Louvado seja Deus porque Paulo não foi desobediente à sempre crescente visão a ele concedida. Tudo que ele tinha se fazia parte dela.

Hoje a visão do propósito divino põe em perspectiva todo o povo de Deus, mas também *para* todo o povo de Deus. Não foi sempre assim. O que os santos do Antigo Testamento viram, por grandioso que fosse, dizia respeito apenas a um povo terrenal, embora típico da Igreja celestial. E só a homens escolhidos como José e Moisés era confiada essa visão. Ela não era propriedade comum, mas concedida apenas a alguns poucos. Hoje é diferente. A visão celestial agora é para a Igreja inteira. Apesar de ser verdade que Paulo e outros do período neotestamentário tenham sido escolhidos por Deus de maneira especial, o propósito do Senhor não é que a visão ficasse confinada a uns e outros, mas que todos vissem (v. Efésios 1.18). Esse é o caráter especial da presente era.

Em uma passagem importante de Efésios 3, Paulo escreve a "vocês, gentios" (v. 1) sobre a "dispensação da graça de Deus a mim confiada em favor de vocês" (v. 2, *Nova Almeida Atualizada*). Fala-lhes do "mistério de Cristo" (v. 4), dado a conhecer a ele e a outros por revelação (v. 5). Essa "multiforme sabedoria de Deus", prossegue ele a explicar, Deus planejou agora que se tornasse conhecida a todos os espectadores espirituais por meio de sua Igreja (cf. 3.10,11).

Com esse fim, portanto, ela deve passar para o domínio da Igreja, e a parte do próprio Paulo nisso, diz ele, é governada por um único objetivo, qual seja, *"fazer com que todos vejam"* (3.9, Nova Tradução na Linguagem de Hoje).

Em uma só frase, a graça de Deus foi dada ao apóstolo para que por seu trabalho árduo *a igreja pudesse enxergar a visão*. Pois, embora o "todos vejam" de Paulo abranja cada um dos membros, a revelação plena de Deus não pertence aos indivíduos em si. O que deve ser dado a conhecer por meio da Igreja só pode ser visto *pela* Igreja. É "juntamente com todos os santos" que compreendemos a medida do amor de Cristo. Só assim podemos ser cheios até a plenitude de Deus (v. Efésios 3.18,19).

A preciosidade da luz

Assim, conquanto nada possa tomar o lugar da visão, o problema continua sendo levar o homem a enxergar. Esse foi o tema da oração mais sincera do apóstolo (v. Efésios 1.15-18). Não existe nenhuma dificuldade para ouvir, ou mesmo memorizar e repetir para as pessoas, o plano de Deus; a dificuldade é sempre enxergar. E toda obra espiritual se baseia em enxergar. Por mais que Deus, em sua graça, seja capaz de abençoar o que se origina de outra maneira — e isso é coisa que ele faz —, trata-se de ninharias. E vulneráveis. Por isso Satanás não se preocupa muito com homens que ouvem falar do propósito de Deus e o compreendem com a mente. Seu grande temor é que tenham iluminação interior relacionada com o propósito. Ele sabe que, se isso acontecer, os homens terão novo acesso à força e ao poder, e que a Igreja, a obra, a guerra, tudo será visto por eles sob uma nova luz.

O que é visão? A invasão da luz divina. Encobrir essa luz significa perdição. "Se ainda um véu permanece sobre o nosso evangelho, naqueles que perecem está o véu" (2Coríntios 4.3, *Tradução Brasileira*). Mas "ele mesmo [Deus] brilhou em nossos corações" (v. 6) — e o simples *ver* é salvação. Assim que contemplamos a glória na face do Salvador, no mesmo instante somos salvos. Se apenas compreendermos a doutrina e a subscrevermos, nada acontece porque não vimos a Verdade. Mas, no momento em que de fato vemos *o Senhor*, nesse instante temos a experiência.

Isso vale tanto para o aspecto negativo quanto para o positivo, tanto para o pecado quanto para o Salvador. Antes da conversão, os homens falam sobre a doutrina da imoralidade de se mentir. Tiram a ideia da Palavra, sabem que ela diz que é errado e podem até fazer o esforço de se conformarem com ela. No entanto, mentem, e mentem bastante! Então um dia são convertidos. Não há nenhum progresso imediato em sua *doutrina* sobre a mentira, mas, ao mesmo tempo, veem que mentir é errado, sem que ninguém lhes diga nada. Como por um novo instinto, encolhem-se de pavor do hábito que até agora os dominara. O que aconteceu? A luz manifestou sua verdadeira natureza, e a luz que manifesta é a luz que mata. A luz que revela a mentira mata a mentira. O que até agora era apenas uma ética se converteu em experiência interior. E a experiência, como a da própria salvação, se segue à incidência de luz no interior da pessoa de forma tão instantânea quanto a impressão da fotografia em uma câmara se segue à exposição do filme. No instante em que se abre o obturador, obtém-se um retrato. E a visão do propósito divino, do que Deus quer fazer na Igreja, tem caráter semelhante, e em nada menos revolucionário no efeito. Mas porque diz respeito não só ao indivíduo, mas ao plano todo de Deus em Cristo, suas implicações são muito maiores. É capaz, como dissemos, de transformar nossa concepção inteira do serviço para Deus.

Não estou sugerindo que devamos começar a nos sublevar e destruir o trabalho que fizemos até agora para o Senhor. Deus nos livre! Mudar apenas o exterior de nada adianta. Não podemos lidar com coisas que Deus não aprova nem podemos melhorá-las. Tampouco nos atrevemos a correr o risco de subverter o que ele aprova. Não, a luz mata *em nós* tudo que não vem de Deus, sem nenhuma necessidade de praticarmos violência contra coisas exteriores. Não se trata de uma questão de compreendermos as coisas com o intelecto e aceitá-las. Algumas não conseguimos entender. É tudo uma questão de ver ou não. O problema todo tem a ver com alternativas: luz ou escuridão, vida ou morte. Caso se resumisse a doutrina, poderíamos tirar o assunto da cabeça e logo o esquecer. Mas a visão objetiva, celestial, torna-se também "seu Filho revelado em mim" — os dois são um —, e não há nenhuma necessidade de lembrar, ou possibilidade de esquecer, o que vive. Não há nenhuma necessidade de nos agarrarmos à visão espiritual, ou de tentarmos assimilá-la. É *ela* que *nos* agarra. Enxergar o plano de Deus pelo lado de dentro significa não ter alternativa em termos de trabalho ou caminho. Desse momento em diante, é o caminho dele, do jeito dele, ou a morte.

Se quisermos luz, podemos tê-la. Do contrário, precisamos bloqueá-la. Claro que há como fazer isso, pois alguém já disse que a menor folha consegue esconder uma estrela. Podemos deixar que um obstáculo banal encubra as glórias eternas para nós. Contudo, na menor oportunidade, a luz encontrará seu caminho entre a fresta mais tênue. "[...] Se os seus olhos forem bons, todo o seu corpo será cheio de luz" (Mateus 6.22).

O segredo da visão espiritual é a prontidão por pagar-lhe o custo, o que significa uma humilde disponibilidade de espírito para a luz de Deus que a tudo perscruta. "Conduz os humildes na justiça e lhes ensina o seu caminho. [...] O SENHOR confia os seus segredos aos que o temem, e os leva a conhecer a sua aliança" (Salmos 25.9,14). "Senhor, estou disposto a pagar qualquer preço para receber luz. Não a temo. Estou disposto, pelo Senhor, a vasculhar cada fenda do meu trabalho e derramar sobre ele a luz do teu propósito."

À medida que avançamos com esses estudos, espero que parte da imensidão do propósito de Deus para a Igreja fique mais aparente para nós. Não que isso seja suficiente. Minha oração, meu anseio, é no sentido de que possamos ver Cristo em plenitude. Não basta que daqui para a frente busquemos edificar, de acordo com as doutrinas bíblicas, uma boa Igreja, uma Igreja séria na avaliação dos homens. Não, *luz* é o nosso clamor. Atrevemo-nos a enfrentar a luz. "Senhor, concede-me, como a Estêvão, ver o Filho do homem no céu e, na tua luz, enxergar o que é tua Igreja, tua obra. Dá-me então graça não só para viver e caminhar, mas também para trabalhar na luz." A característica extraordinária da obra de Deus não é uma doutrina, mas uma vida; e vida acontece por revelação na luz de Deus. Por trás da doutrina, pode não haver nada além de palavras. Por trás da revelação, há o próprio Deus.

CAPÍTULO 6

Uma Igreja gloriosa

Ao introduzir o tema da Igreja, Jesus nos leva direto à pedra. Ele próprio é a "preciosa pedra angular para alicerce seguro" (Isaías 28.16). Cada filho de Deus dotado de vida e que é redimido pelo sangue do Senhor está posicionado sobre esse alicerce, sobre o qual o Senhor edifica. Os incrédulos não têm parte alguma nisso. Seja na Igreja universal, seja em sua expressão local, o princípio é um só: Cristo é a "pedra já experimentada" (Isaías 28.16) à qual somos conduzidos e para ela moldados e ajustados.

Paulo também elege esse como o seu ponto de partida, pois com certeza é o único possível. "Pois nós somos [...] edifício de Deus", escreve ele aos coríntios em uma de suas cartas, e continua: "[...] eu, como sábio construtor, lancei o alicerce [...]. Contudo, veja cada um como constrói. Porque ninguém pode colocar outro alicerce além do que já está posto, que é Jesus Cristo" (1Coríntios 3.9-11). Em outras palavras, a escolha do alicerce não é mais responsabilidade nossa. O próprio Deus o estabeleceu, e nenhum homem pode lançar outro em parte alguma. Os apóstolos são testemunhas disso, e Deus não pede nossa aprovação! Ele o fez e sabe o que fazer. Sempre que uma alma se achega a Cristo, e ele entra em sua vida, o alicerce está lançado. Sobre ele se posta o filho de Deus, sobre ele edifica. Não só o filho é uma pedra viva, parte do edifício, mas, sim, também um colega construtor dos apóstolos. Por isso importa muito o que ele coloca no alicerce.

Deus procura qualidade. Não está preocupado tanto com fazermos ou não o trabalho quanto com o que usamos para realizá-lo. Muitos argumentam: "Se meu trabalho for bem feito, claro que será suficiente!". Mas Deus não pergunta apenas se o servimos, se nos dedicamos à sua obra e se edificamos sobre o alicerce, por importantes que sejam tais coisas. Sua indagação vai mais fundo. O que nós usamos, ele quer saber, para fazer essas coisas? O Senhor olha não só para o que foi feito, mas para o material empregado. Entre os que pregam o evangelho, Deus tem consciência de uma diferença de qualidade e distingue prontamente o trabalhador excelente do superficial. Entre os que enxergam a verdade espiritual, Deus reconhece uma diferença similar no modo em que eles enxergam. Entre os que oram, ele discerne o que está por trás do "Amém" de cada um. A isso Paulo se refere quando nos adverte: "Se alguém constrói sobre esse alicerce usando ouro, prata, pedras preciosas, madeira, feno ou palha, sua obra será mostrada, porque o Dia a trará à luz; pois será revelada pelo fogo [...]" (3.12,13).

Material para construção

O que conta é o peso. Madeira, feno, palha são baratos, leves, temporários; ouro, prata, pedras preciosas são caros, pesados, eternos. Eis a chave para a determinação do valor. Os metais pesados, o ouro do caráter e da glória divinos, a prata da obra redentora do Senhor: são esses os materiais que ele valoriza. Não apenas o que pregamos, mas o que somos, tem peso para Deus; não a doutrina, mas o caráter de Cristo formado em nós pelos mandamentos de Deus, pelas provações de Deus, pela operação paciente do Espírito. Obra que é de Deus é aquela que passou pela cruz. Quando nosso trabalho segue esse sentido, podemos nos tranquilizar de que no fim ele sobreviverá ao fogo. Não "Onde a necessidade é mais evidente? De que ideias e recursos eu disponho? Quanto posso fazer? Quão rápido consigo pôr essa doutrina em prática?". Mas "Onde Deus está se movendo? O que tem dele aqui? Até onde é da sua vontade que eu vá? Qual a mente do Espírito nesse caso?". São essas as perguntas do servo crucificado de verdade. Ele reconhece o "Ide" de Deus, seu "Fale", mas também seu "Espere" e seu "Vá, mas só fale até esse ponto". Consciente da própria fraqueza e vazio, sua maior lição é entregar o caminho para Deus e aprender a vê-lo se mover.

O problema está em nosso fracasso em compreender que, na obra de Deus, o homem em si mesmo não tem nenhuma utilidade. Madeira, feno, palha — tais coisas sugerem o que em essência pertence ao homem e à carne. Insinuam o que é comum, ordinário, adquirido com facilidade e a baixo custo — e, claro, perece. Hoje a relva pode cobrir a terra de beleza, mas onde estará amanhã? O intelecto humano pode nos dar uma noção das Escrituras; a eloquência natural pode ter o poder de atrair; a emoção pode nos levar consigo; os sentimentos podem parecer fornecer um senso de direção — mas para o quê? Deus procura valores mais sólidos que esses. Muitos de nós são capazes de pregar bem e com bastante precisão, mas estamos errados. Falamos da carne, mas não lhe conhecemos os perigos; falamos do Espírito, mas o reconheceríamos caso de fato nos movesse? Uma porção grande demais do nosso trabalho para Deus depende não da vontade e do propósito dele, mas dos nossos sentimentos — ou mesmo, Deus que nos perdoe!, das condições meteorológicas. Como a palha e o restolho, o vento o leva embora. Com o estado de ânimo certo, conseguimos realizar muita coisa, mas com igual facilidade, em condições adversas, somos capazes de desistir por completo. Não, como o fogo um dia provará, o trabalho que está sujeito aos sentimentos ou ao vento do avivamento tem pouca utilidade para Deus. Quando ele ordena, com ou sem sentimentos, precisamos aprender a agir.

Os valores apreciados por Deus são custosos. Quem não se dispõe a pagar o preço jamais lhes chegará perto. A graça é gratuita, mas os valores divinos não. Só um alto preço compra pedras preciosas. Inúmeras vezes teremos vontade de gritar "Isso está custando caro demais!". Todavia, as coisas produzidas por Deus através das lições que aprendemos sob sua mão, apesar de demorarmos para adquirir esse conhecimento, são as que valem mesmo a pena. O tempo é elemento a considerar nisso tudo. À luz de Deus, algumas coisas perecem por si mesmas; não há necessidade de esperar pelo fogo. É no que resta, no que sobrevive ao teste do tempo, que está o valor verdadeiro, onde se encontram as pedras preciosas, formadas no que Deus nos dá graciosamente de sofrimento e problemas, ao nos fazer passar "pelo fogo e pela água" para nos levar a seu "lugar de fartura" (Salmos 66.12). O homem vê a aparência exterior; Deus vê o custo interior. Não se espante por experimentar todos os tipos de provas. Recebidas da mão do Senhor, são o caminho seguro para uma vida preciosa para ele.

Possa Deus ter misericórdia das pessoas brilhantes que só passam para a frente o que leram ou receberam de alguém. Não se pode nem falar por Deus sem algum custo. É tudo uma questão de a vida da pessoa ser leve ou pesada, pois o peso mostra a qualidade do material. Dois homens podem usar as mesmas palavras, mas em um você encontra algo que não consegue relevar; no outro — nada. A diferença está no homem. Você sempre sabe quando está na presença de valor espiritual. Quantidade nenhuma de teorização sobre a volta do Senhor, por exemplo, é capaz de tomar o lugar de uma vida que tenha sido vivida dia após dia à procura dele. Impossível fugir dessa diferença, e não existe substituto para o original. Lamento muito, mas alguns de nós são tão distintos das nossas palavras que seria melhor se falassem menos de coisas espirituais.

Não se espante, portanto, com a preocupação de Deus com os materiais da casa dele. A bijuteria pode ter sua beleza, mas que mulher lhe daria dois segundos de atenção se tivesse tido uma joia autêntica? O apóstolo Paulo não nos deixa dúvida quanto à sua avaliação. Dez trabalhadores braçais carregados de fardos de palha jamais chegarão perto do preço de uma pedra preciosa. Toda carne, tudo que não passa de sentimento, tudo que em essência pertence ao homem é relva e há de desaparecer. O que pertence a Cristo, o ouro, a prata, as pedras preciosas, só essas coisas são eternas, incorruptíveis, imperecíveis.

É esse caráter duradouro da Igreja de Deus que pede agora nossa atenção.

Eterna nos céus

É nos escritos posteriores do apóstolo Paulo, em sua epístola aos Efésios, para ser mais específico, que a natureza eterna da Igreja de Cristo recebe maior proeminência. Como casa, como corpo, como noiva de Cristo, como povo de Deus, a Igreja é um tema especial para os efésios. Temos o Senhor do corpo (v. Efésios 1), o material da casa

(v. Efésios 2), o mistério eterno da Igreja (v. Efésios 3), o crescimento do corpo (v. Efésios 4), a preciosidade da noiva (v. Efésios 5) e a guerra do povo de Deus (v. Efésios 6). Cada um deles é visto em um contexto externo. Já falamos do terceiro assunto dessa série e agora precisamos tratar um pouco dos capítulos 1, 2 e 5.

O que Deus está fazendo hoje? Efésios nos ajuda a responder a essa indagação. Primeiro, o apóstolo olha para trás. "Porque Deus nos escolheu nele antes da criação do mundo [...]" (Efésios 1.4). "Em Cristo fomos também feitos herança, predestinados segundo o propósito daquele que faz todas as coisas conforme o conselho da sua vontade" (v. 11, *Nova Almeida Atualizada*). Nesse momento, ele nos mostra Deus operando não com vistas ao objeto de uma esperança, mas com base em um propósito estabelecido. Porque a obra eterna do Senhor alcança primeiro o passado, ela então se estende também para "[as] eras que hão de vir" (2.7).

Em seguida, o apóstolo olha para a frente. Assegura--nos que Deus "nos revelou o mistério da sua vontade, de acordo com o seu bom propósito que ele estabeleceu em Cristo, isto é, de fazer convergir em Cristo todas as coisas [...] na dispensação da plenitude dos tempos" (1.9,10). Na expressão "fazer convergir em Cristo todas as coisas", Paulo sintetiza e define a obra divina no tempo. Não deixar fios soltos de espécie alguma, não permitir nada em desarmonia em seu Universo, ver realizada em plenitude e em si mesmo a unidade que eles agora só conseguem degustar: eis a sua meta.

Em vez disso, no entanto, qual a nossa experiência comum hoje? Talvez um grupo nosso se ajunte na presença de Deus, e tudo que se passe entre nós seja tão evidentemente de Cristo, e portanto tão bom, que sentimos ter tocado na plenitude. Mas então, em determinado momento, um de nós, alguém que deveria ter mais consciência das coisas, fala ou ora de acordo com a própria cabeça — "segundo a carne" (v. Romanos 8.5), como diria Paulo — e a vida se vai da nossa comunhão. O encantamento foi quebrado, e aquilo que provamos nos escapou. Aqui na terra, como ansiamos que essa comunhão em Cristo fosse, ao menos em alguma medida, a experiência habitual em nossas igrejas e lares: "[...] todos são um em Cristo Jesus" (Gálatas 3.28), sem nada que lhe seja exterior! Como ansiamos e nos esforçamos por isso; no entanto, como parece difícil realizá-lo! Precisamos confessar que fazer que isso aconteça é impossível para nós. Contudo, louvamos a Deus por nos chamar para termos uma participação nessa obra "impossível".

Nessa carta, Paulo aponta para o paraíso que ficou para trás e também para o que está à frente, para o que Deus fez no passado, antes da Criação (v. 1.4), e, adiante, para o que ele fará a todas as gerações (cf. 2.7). As duas situações levam em consideração a Igreja. O próprio Filho de Deus é revelado na Igreja, razão pela qual ela é aqui descrita como "seu corpo" (cf. 1.23). Como a personalidade do homem se expressa por seu corpo, assim Cristo é exposto pela Igreja. Na presente era, ela é o vaso, em sentido espiritual, que contém e revela Cristo.

Ser achado na condição de um "cooperador de Deus" (2Coríntios 6.1) não significa que muitos homens são chamados para "colaborar com" Deus. Significa que o que Deus determinou fazer, a Igreja deve lhe abrir caminho para que o faça em si mesma. E, se for mesmo o propósito eterno de Deus revelar sua sabedoria e seu poder por intermédio dela, então com certeza deixá-lo escapar é perder tudo. O próprio Paulo sustentava que fazer qualquer outra coisa de nada valeria se ele deixasse de alcançar aquilo para o que fora alcançado por Cristo Jesus (v. Filipenses 3.12). Pergunte-se: "O trabalho que faço, pelo qual vivo e empenho minha força, o que é?". Possa Deus nos dar graça outra vez, se necessário, para pesar nosso trabalho na balança do santuário. Não nos atrevemos a viver em função de algo pequeno. Quando, à luz da Palavra do Senhor, vemos o propósito de Deus em seu Filho, tudo se transforma. Ainda pregamos, mas enxergamos de outra maneira. Nada que fazemos depois se mantém isolado. Tudo tem um objetivo — a autorrevelação eterna de Cristo por intermédio do seu corpo.

O segundo ponto maravilhoso que Efésios nos mostra é: não só o trabalho da Igreja é eterno; aos olhos de Deus, ela também está nas regiões celestiais. O lugar de bênção onde a Igreja está assentada, sua posição, vida, ministério, guerra, tudo está localizado "nos céus" e é "dos céus" (cf. 1.3,20; 2.6; 3.10; 4.8-12; 6.12). Isso nos ajuda a aumentar o alcance da nossa definição do que deveria significar trabalhar para Deus. Criar algo terreno é fácil para nós. Se nos damos por satisfeitos com um cristianismo exterior, técnico — um "movimento" baseado em alicerce terreno, com estrutura e organização terrenas —, então é bem possível fazermos as coisas nós mesmos. Mas fomos alcançados para algo completamente diferente disso. A Igreja é espiritual e seu trabalho, celestial. Nunca deve se tornar presa à terra.

Davi "[serviu] em sua geração" e adormeceu (Atos 13.36). Não poderia ter servido em duas gerações! Se hoje buscamos perpetuar nosso trabalho criando uma organização, sociedade ou sistema, os santos do Antigo Testamento serviram nos dias em que viveram e se foram. Esse é um princípio de vida importante. Semeado, o trigo cresce, amadurece, é colhido, e então a planta inteira, incluindo a raiz, é revolvida pelo arado. Assim acontece com a Igreja, jamais enraizada na terra em caráter definitivo. A obra de Deus é espiritual a ponto de não ter raízes terrenas, nem o menor cheiro de terra preso a ela. Os homens passam, mas o Senhor permanece. O testemunho espiritual dos que creem é serem celestiais, não terrenais. Tudo relacionado com a Igreja deve ser atualizado e vivo, satisfazendo as necessidades presentes — pode-se dizer até transitórias — do momento. Ela nunca deve se tornar fixa, estática. O próprio Deus leva embora seus trabalhadores, mas dá outros. Nosso trabalho sofre, mas o dele, nunca. Nada o atinge. Ele ainda é Deus.

Um novo homem

Uma consequência muito interessante desse caráter celestial da Igreja aparece no capítulo 2 e em passagem paralela de Colossenses. Efésios 2 traz Paulo começando a demonstrar como dois elementos mutuamente hostis no mundo da época, judeus e não judeus, foram reunidos por Cristo para se tornarem "um santuário santo no Senhor" (v. 21). O que ele tem a dizer em relação a essa "morada de Deus por seu Espírito" (v. 22) surpreende, visto que é diferente do que a maioria dos cristãos diz agora. Hoje se afirma em larga escala que o povo de Deus de diversas raças, formações ou denominações cristãs reunido no terreno comum de um credo ou "fundamento de fé" constitui a essência da Igreja. Para essas pessoas, todos os tipos de cristãos, não importam a língua, a tradição, o ponto de vista ou vinculação, formam juntos a Igreja. E isso não é afetado pelas várias coisas que eles trazem consigo do mundo exterior.

A correção desse modo de pensar é a palavra "novo" em Efésios 2.15: "[...] criar em si mesmo, dos dois, um novo homem [...]". Achamos que cristãos judeus somados a cristãos gentios (ou quaisquer outros grupos que tenhamos em mente no momento) são a Igreja. Acontece que, para não nos deixar com dúvida quanto ao que o Espírito Santo quer dizer, Paulo expressa a mesma coisa de maneira ainda mais explícita em Colossenses 3.11. Escrevendo outra vez sobre o novo homem, o apóstolo afirma que no âmbito de atuação desse novo homem "não pode haver mais grego e judeu, circuncisão e incircuncisão, bárbaro, cita, escravo, livre, mas Cristo é tudo e está em todos" (*Nova Almeida Atualizada*). Se o entendemos corretamente, isso significa que, se quisermos ser cristãos, não podemos ser mais nada, *a não ser* cristãos!

O problema é que muito do nosso modo de pensar sobre essas coisas parte de uma premissa falsa. Deixe-me tentar ilustrar. Imagine-se parado na frente da igreja, distribuindo pães para os famintos. Qualquer pessoa que quiser tem a liberdade de se aproximar e pegar um pouco, não importando com o que está envolvida ou o que a sobrecarrega. Gente de todo tipo e condição se aproxima e come. Não são pessoas qualificadas para entrar na igreja? Conviverão em paz se o fizerem? Sua primeira reação pode ser responder sim, considerando o povaréu que se reuniu, participantes de uma comunidade que os unifica com base no que receberam. Mas espere um pouco! Que dizer dos objetos volumosos que trazem nas mãos e dos fardos sobre seus ombros? Que dizer dos animais que conduzem à frente e da enorme carga de mobília e mercadoria que arrastam atrás de si? Você está subestimando o que os acompanhará quando entrarem na igreja. Levam consigo todos os itens característicos de um mercado em polvorosa, se não pior!

Olhe de novo. A porta é estreita. Uma cruz a esconde em sua sombra, e depois dela há um túmulo. Se o pão que você distribui fala de uma vida compartilhada, esses símbolos apontam para alguma outra coisa. Dizem-nos que, ao entrarmos, não haverá apenas algo para recebermos; haverá também do que renunciar. "[...] O objetivo dele [Cristo Jesus] era criar em si mesmo, dos dois, um novo homem, fazendo a paz, e reconciliar com Deus os dois em um corpo, por meio da cruz, pela qual ele destruiu a inimizade" (Efésios 2.15,16). Havia no homem caído algo a ser derrubado, algo que constituía uma sólida barreira à comunhão e que precisava desaparecer.

Não podemos nos esquivar desse outro símbolo. Não podemos fugir dessa segunda condição de comunhão na vida. Qualquer que seja nossa nacionalidade, ou cor, ou denominação cristã, precisamos morrer, pois só quem foi crucificado com Cristo, só quem abriu mão de alguma coisa, encontra-se à vontade nessa posição. Traços naturais, rivalidades nacionais, tradições de classe, preferências pessoais, todas as coisas que por instinto apertaríamos junto ao corpo e procuraríamos levar conosco das antigas vida e ordem, tudo isso é eliminado pela cruz. O "novo homem" de Deus é completa e exclusivamente novo. O que é só de Cristo se encontra dentro desses limites, e ele deve ser "por meio de todos e em todos" (Efésios 4.6).

Desde o início

Pelo que dissemos até aqui, é evidente que Efésios tem como propósito nos fornecer a mais elevada revelação neotestamentária da Igreja. Essa característica aparece de novo na ordem em que a história da Igreja é contada na carta. Como sugerimos, não a vemos aqui apenas redimida do pecado; também nos é revelado seu percurso desde o início da Criação. Enquanto Romanos apresenta o pecado no capítulo 1 e só toca no assunto do corpo de Cristo no capítulo 12, depois de tratar em detalhes a justificação e a santificação do pecador individual, Efésios começa de maneira diferente, retornando ainda mais na história para isso. Impressiona que já em Efésios 1 a Igreja entre em cena como o conjunto dos "escolhidos em Cristo" (cf. v. 4) e que a questão do pecado acompanhe muito de perto essa declaração, embora não lhe seja dedicada nenhuma atenção até o capítulo 2. Na verdade, a carta como um todo se propõe a nos contar a história completa da Igreja, incluindo seu lugar na plenitude do propósito de Deus em Cristo, bem como a obra da graça divina pela qual o Senhor a redimiu para conduzi-la a seu lugar.

Essa visão da Igreja remonta ao início mais remoto das coisas. Ela a vê na mente de Deus desde então, muito como Eva surge no capítulo 2 de Gênesis, antes do súbito aparecimento do pecado na Criação.[7] A comparação torna Eva incomum, singular até, entre as mulheres do Antigo Testamento que podem dar a impressão de serem tipos da Igreja. Em cada uma delas, algum aspecto da Igreja é retratado.

---

[7] Conquanto a Igreja, sem dúvida, tenha sido revelada ao homem apenas muito depois da Queda, devemos reconhecer, penso eu, que foi planejada por Deus antes disso.

Vemo-la apresentada ao noivo (Rebeca), escolhida entre gentias (Azenate), passando pelo deserto (Zípora), recebendo sua herança na terra (Acsa), em total dependência de seu resgatador (Rute) e militando pelo Senhor (Abigail). Contudo, por interessante que seja essa sequência de tipos, nenhum é tão instrutivo quanto o representado por Eva. Porque todas elas vieram depois da Queda, portanto há questões e responsabilidades morais direta ou indiretamente associadas a elas. Mas Eva, vista no bendito período anterior à entrada do pecado, mantém-se um tipo único da Igreja como aquela que cumpre todo o desejo de Deus para a própria vida em união com o Filho.

Pois Eva era única e exclusiva para Adão. Jesus disse: "[...] 'Vocês não leram que, no princípio, o Criador "os fez homem e mulher", e disse: "Por essa razão, o homem deixará pai e mãe e se unirá à sua mulher, e os dois se tornarão uma só carne"?' " (Mateus 19.4,5). Nesse ponto, o tipo espiritual, precedendo a entrada do pecado e até o momento intocado por ele, expressa com absoluta perfeição o propósito original e eterno de Deus de prover uma noiva para seu Filho.

De mais a mais, a figura da Igreja representada por Eva é dupla, e isso pode nos ajudar a compreender a linguagem de Paulo em Efésios. Primeiro, como parte de Adão, extraída do seu lado enquanto ele dormia, Eva era seu corpo. Depois criada, aperfeiçoada e conduzida de novo até ele, tornou-se sua noiva. Outras criaturas foram levadas até Adão, mas, não sendo *dele*, não podiam ser sua companheira. Isso distingue Eva do resto da criação. Também distingue hoje, de maneira característica, a Igreja de Cristo da velha criação inteira.

Porque o pecado *entrou* no mundo. A Queda é um fato histórico. "[...] por meio da desobediência de um só homem muitos foram feitos pecadores [...]." (Romanos 5.19) "[...] toda a natureza criada geme até agora, como em dores de parto" (8.22). A obra da redenção se tornou assim uma necessidade divina. A cruz precisava se tornar história, não só agora para concretizar a figura do sono e do despertar e a nova criação prenunciada pelo sono de Adão; ela tem de lidar também com a nova situação criada pela Queda.[8] Pecado e morte têm de ser tratados por ela e eliminados. Cristo Jesus precisa se humilhar por nossa causa, tornando-se obediente a ponto até de sofrer a morte na cruz. O preço deve ser pago e o poder de Satanás, desbaratado. Cada pecador individual tem de ir até o Salvador e encontrar remissão de pecados por meio do sangue da expiação. Assim é que nos vemos — com grande acerto — como no vale do pecado, troféus da redenção. Como eu disse, isso é Romanos. Todavia, mesmo depois dessa história toda, Efésios encontra Deus, contrariando as expectativas, optando por nos enxergar dentro do seu propósito eterno, inteiramente *de* Cristo e *para* Cristo.

Eis o milagre da esperança divina, que nem o desastre da Queda pôde frustrar, só conseguindo atrapalhar. Adão pecou; apartado da graça de Deus, o homem na carne — sim, mesmo o homem redimido — pode, e o faria repetidas vezes, pecar. Pelo novo nascimento, no entanto, é implantada nele a porção de Cristo que o pecado não pode tocar, e lhe é ordenado que viva por meio dela. A vida do próprio Cristo, liberada pela cruz e distribuída a seus membros,

---

[8] Essa talvez seja a razão por que, diferentemente da morte dos que creem, a de Jesus nunca é descrita no Novo Testamento apenas em termos de um "sono".

supre todos eles de poder para assim agir. Por ela, o domínio do pecado sobre eles é desfeito; andam agora na novidade da ressurreição (v. Romanos 6.4,6). Não há substituto para isso. Só assim são satisfeitas as exigências divinas.

E a vida de Cristo há de ser compartilhada, pois na esfera do propósito divino não existem diversos vasos individuais, mas um único Vaso. Deus criou uma Eva, não muitos homens. Sem Cristo, pessoalmente não tenho vida; sem a Igreja, seu corpo, não tenho os meios para viver a vida que tenho como ela deveria ser vivida.

Agora, porém, não só tenho a vida, como tenho também comigo o próprio Doador da vida. Voltemos um instante à última parte de Efésios 5. Na passagem compreendida entre os versículos 25 e 30, penso que podemos distinguir duas coisas: a noiva e o corpo. Nos versículos 25-27, temos a primeira lei do amor: "Maridos, ame cada um a sua mulher [...]". Ela se baseia em duas coisas: o tempo passado do amor de Cristo por sua noiva, expresso em sua morte em favor dela, e o tempo futuro de seu propósito para ela. Trata-se da visão *eterna*. De novo, nos versículos 28-30 temos uma segunda lei do amor: "[...] os maridos devem amar cada um a sua mulher como a seu próprio corpo [...]". E isso com base em uma só coisa: o tempo presente do amor de Cristo por aquilo que, em essência, é ele próprio, seu corpo. Essa é a visão *hoje*. A primeira passagem vê Cristo e sua Igreja separados, tendo existências distintas, e está preocupada com a união dela, como noiva, a ele, o doador da vida. A segunda enxerga Cristo e sua Igreja identificados em espírito, sem existência separada, e diz respeito à identificação e presente unidade de vida dela com ele como seu corpo. Um se tornou dois; de dois que eles foram, serão outra vez um. Eis o mistério da Igreja, que tudo que vem de Cristo retorna para ele.

A obra de Cristo agora é amá-la e acarinhá-la, protegê-la e preservá-la de enfermidade e mácula, cuidando dela porque a ama como a seu próprio ser — afinal, falando com toda a reverência, a Igreja *é* Cristo! Como ele a alimenta e preserva? "[...] pelo lavar da água mediante a palavra" (v. 26). Nesse versículo, "palavra" não é *Logos*, a grande, objetiva, eterna Palavra de Deus, e sim *rhema*, a palavra proferida e menor, mais pessoal e subjetiva. "[...] As palavras (*rhemata*) que eu disse são espírito e vida" (João 6.63). *Rhema* sempre nos sugere algo muito pessoal e íntimo: "Respondeu Maria: 'Sou serva do Senhor; que aconteça comigo conforme a tua palavra' [...]" (Lucas 1.38); "Agora, Senhor, podes despedir em paz o teu servo, segundo a tua palavra" (2.29, *Nova Almeida Atualizada*); "[...] veio a palavra do Senhor a João, filho de Zacarias, no deserto" (3.2); "[...] Mestre, havendo trabalhado toda a noite, nada apanhamos; mas, sob esta tua palavra, lançarei as redes" (5.5, *Nova Almeida Atualizada*); " 'Ele não está aqui! Ressuscitou! Lembrem-se do que ele disse, quando ainda estava com vocês na Galileia [...]'. Então se lembraram das palavras de Jesus" (24.6-8); "[...] o Espírito Santo caiu sobre eles [...]. Então me lembrei da palavra do Senhor, quando disse: '[...] vocês serão batizados com o Espírito Santo' " (Atos 11.15,16).

Como se efetiva o retorno da Igreja ao plano de Deus? Pelo "lavar da água *mediante* a palavra": a água de vida ressurreta do Senhor, conferindo-nos e expondo, pelo contraste consigo, tudo que precisa ser eliminado; e a palavra do Senhor proferida pelo Espírito, tratando do que é revelado e renovando-nos pela purificação das máculas.

Às vezes, talvez a palavra venha primeiro e, depois, a vida, mas o efeito é o mesmo. "E logo o galo cantou pela segunda vez. Então Pedro se lembrou da palavra que Jesus lhe tinha dito [...]. E pôs-se a chorar" (Marcos 14.72). A Igreja em que a palavra de Deus não exerce nenhum poder de atração não é Igreja coisa nenhuma. Contudo, a palavra é o instrumento que ele usa para purificar e renovar. Se nos apercebermos ao menos desse fato e permitirmos que ele realize seu trabalho, mesmo que falhemos, não mais permaneceremos inconscientes de que o fizemos.

Bendito seja Deus, pois virá o dia em que o corpo, extraindo o próprio caráter daquele que é sua vida, terá sido preparado para se tornar a noiva, sua companheira. Porque, como corpo do Senhor, ela alcançou a medida da estatura da plenitude de Cristo (v. Efésios 4.13, *Nova Almeida Atualizada*) e lhe será apresentada afinal "igreja gloriosa, sem mancha nem ruga ou coisa semelhante [...]" (5.27). Inteiramente como ele porque inteiramente dele, ela será inteiramente para ele. Foi a expressão da sua glória; será apresentada para ele vestida dessa glória, sem cicatriz alguma do pecado, nenhuma ruga de idade, nenhum tempo desperdiçado, nenhuma falha de espécie alguma, mas santa e sem mácula. Cristo, por sua palavra, não deixou nela base alguma para Satanás ou demônios, homens ou anjos — não, nem mesmo o próprio Deus — denunciá-la de nada. Pois nela, agora, tudo é novo, e tudo de Deus. Não deveríamos então, se será esse seu efeito bendito, entesourar grandemente a palavra que Deus nos diz hoje?

CAPÍTULO 7

Edificando em amor

Do mistério celestial, voltamo-nos agora para a expressão terrenal. Tendo estudado a relação da Igreja, o corpo, com seu Senhor, necessitamos agora considerar suas relações humanas. Chegou a hora de nos perguntarmos: como os membros funcionam uns para com os outros?

Parece provável que, de todos os apóstolos, tenha sido primeiro a Paulo que ocorreu o conceito de Jesus e seu povo como um corpo e membros respectivos. Com certeza, trata-se de uma visão da Igreja que lhe é peculiar. Essa visão, afinal de contas, estava atrelada à conversão e ao chamado do apóstolo, contida nas primeiras palavras a ele dirigidas pelo Senhor: "[...] 'Eu sou Jesus, a quem você persegue'" (Atos 9.5). Perseguir quem crê significa perseguir Jesus. Tocar em seus discípulos significa tocar nele. Portanto, essas palavras anunciavam a grande revelação que estava para ser dada a Paulo sobre o mistério da Igreja. Diziam-lhe algo novo acerca do Senhor, algo até então apenas implícito em suas declarações do período em que esteve presente na terra.

Acontece que o Senhor não deixou a questão nas mãos de Paulo. Não lhe permitiu ficar com o mistério celestial. A ordem que se seguiu de imediato atingiu em cheio as consequências práticas de tal revelação: "Levante-se, entre na cidade; alguém dirá o que você deve fazer" (v. 6). *Alguém dirá o que você deve fazer.* Separado dos mesmos discípulos contra os quais se insurgira, Paulo ficaria impotente; jamais saberia de nada. O Senhor não lhe diria o que fazer, salvo com base na Igreja viva. Não daria apoio a um chamado e missão meramente individual. Pois o individualismo é pecado; traz danos ao corpo de Cristo.

Então Paulo foi para Damasco, onde enfrentou longas horas de espera. A princípio, ninguém apareceu. Só depois de três dias de escuridão, enfim alguém chegou — alguém que não passava de "um discípulo". Pelo uso dado por Lucas a essa forma de tratamento, concluímos que Ananias, apesar de dedicado e portador de um caráter honrado, era apenas um irmão comum, sem nada especial que o qualificasse como o ajudante daquele que estava destinado a ser o "grande apóstolo da Igreja". Todavia, é nesse ponto exato que o mistério da Igreja há de se tornar prático para Paulo.

Da sua parte, Ananias, que conhecia a reputação de Saulo de Tarso e tinha todos os motivos para temê-lo, também deve agora dar expressão prática a um milagre da graça divina no próprio coração. Seu cauteloso "[esse] homem" (v. 13) se converte em "irmão Saulo" (v. 17). Jesus aniquilara a inimizade, e todos os seus medos foram dissipados. As palavras simples da saudação de Ananias expressam, em termos de irmão para irmão, o reconhecimento de outro membro de Cristo pela Igreja do mundo inteiro, enquanto seu gesto simples demonstrava a recém-descoberta unidade desses dois homens sob uma única unção. Em um Espírito, deram e receberam instruções desenhadas por Deus para obter um resultado global (v. Atos 22.14-16).

Em seus escritos, Paulo nos oferece duas visões um tanto diferentes do corpo, sendo uma em Efésios e a outra em 1Coríntios. Enquanto a primeira enxerga a Igreja nas regiões celestiais, a outra a vê plantada com firmeza na terra. Em Efésios, a Igreja — *toda* ela — é o corpo. Para os cristãos de Corinto, no entanto, Paulo é capaz de escrever: "Ora, vocês são o corpo de Cristo, e cada um de vocês, individualmente, é membro desse corpo" (1Coríntios 12.27). Considerar Efésios uma carta circular, como fazem muitos, pode ajudar a explicar por que Paulo, pensando em termos abrangentes, globais, ocupa-se nessa epístola *do* corpo de Cristo, ao passo que em 1Coríntios, agora escrevendo para a igreja em determinada cidade grega, mostra-nos esse corpo funcionando em determinada situação na terra e fazendo isso da maneira que *um* corpo funciona.

Essa, no meu entender, é a explicação de um trecho pequeno, mas significativo, de 1Coríntios 12.21: "O olho não pode dizer à mão: 'Não preciso de você!'. Nem a cabeça pode dizer aos pés: 'Não preciso de vocês!' ". Devemos ter o cuidado de não interpretar errado o que Paulo está dizendo aqui. O corpo de Cristo, ainda que no céu em termos universais ou na terra em termos locais, só tem uma cabeça, o próprio Cristo (v. Efésios 4.15). Não pode haver muitas "cabeças" locais nas igrejas, ou no mesmo instante aconteceria um cisma no corpo. Tampouco o apóstolo está sugerindo que isso seja passível de acontecer. Em vez disso, ele está usando em 1Coríntios a *metáfora* de um corpo humano para ilustrar princípios práticos de relação e função, segundo os quais o corpo celestial e eterno de Cristo opera aqui embaixo. Como a cabeça, Cristo, não pode ficar sem o menor de seus membros, tampouco, afirma ele, um membro isolado pode seguir em frente sem qualquer outro membro.

Assim, em 1Coríntios vemos a questão como um todo sendo tratada não tanto em termos de propósito divino, mas, sim, da responsabilidade humana. O primeiro é essencial, pois ninguém conseguiria funcionar sem ele, mas a dúvida é: nós o estamos trazendo aqui para baixo e aplicando ao local em que nos encontramos hoje?

O problema parece ser as duas coisas. É fácil aceitar o lado de Efésios — a visão celestial do que Deus terá. Nossas dificuldades começam com 1Coríntios. Para quem tem inclinação para o espiritual, essa carta é prática em excesso e, por conta disso, essas pessoas vivem correndo o risco de se esquivar das dificuldades de sua aplicação. Buscam (e com justiça) evitar o extremo de deduzir, de prova disponível nas práticas neotestamentárias, um padrão ou sistema infalível de vida da Igreja e então imitá-lo às cegas. Sabem muito bem que isso só produzirá uma cópia inanimada do início histórico. Assim, em vez disso, fixam os olhos quase com exclusividade na Igreja celestial gloriosa apresentada em Efésios, só para caírem no erro oposto — o de manter a visão de tal modo "espiritual" que se torna quase, se não muito, imaginária!

Todavia, 1Coríntios 12 é uma passagem bastante simples, e talvez justo por ser tão simples seu significado escape a muitos. O que temos aqui não é celestial nem terrenal, *mas celestial e, no entanto, expresso na terra*. Pretende-se que a revelação do corpo nas regiões celestiais redunde espontaneamente em resultados muito práticos, e são esses resultados que estão definidos ali.

O princípio divino é o da encarnação.⁹ Deus deseja — na verdade, para ele é mais que um desejo, uma necessidade — mostrar a vida celestial em expressão terrena, não por anjos ou espíritos, mas em homens; não como algo vago e imaginário, mas em forma real e prática. É bênção viver nas regiões celestiais em Efésios, mas lembre-se: o mesmo apóstolo que escreveu essa carta também escreveu Coríntios. O caráter de Deus requer que sua Igreja — global, espiritual, celestial, tenha expressão terrena em igrejas locais, estabelecidas em lugares não menos obscuros que a pagã Corinto. E, por existir essa expressão terrena, os homens sempre estarão bastante prontos a intervir com suas opiniões e se envolverem na organização. "Precisamos ser terrenos *às vezes*!", dizem como justificativa. Todavia, 1Coríntios 12 nos mostra que, mesmo nesse ambiente terreno, a Igreja ainda deve operar sobre os princípios do corpo celestial. Pois a igreja local não é apenas um tipo exterior, mas também a manifestação real de Cristo na terra hoje. "Vocês são o corpo de Cristo." Aqui em Corinto vocês, cristãos coríntios, são chamados a serem o corpo completo em sua essência.

Assumindo responsabilidade

Voltamo-nos então para 1Coríntios 12 e o tratamento que ele dá à vida funcional do corpo. Se olharmos bem de perto para o trecho desse capítulo do versículo 12 em diante, penso que conseguiremos discernir quatro leis simples que governam a vida do corpo.

---

⁹ Usamos o termo com cautela. É insensato levar longe demais o paralelo entre a Igreja e seu Senhor encarnado.

A primeira está nos versículos 15 e 16: "Se o pé disser: 'Porque não sou mão, não pertenço ao corpo', nem por isso deixa de fazer parte do corpo. E se o ouvido disser: 'Porque não sou olho, não pertenço ao corpo', nem por isso deixa de fazer parte do corpo". Em outras palavras, você precisa atuar do jeito que é, não como preferiria ser. Não ser outra pessoa não é motivo para se recusar a ser você mesmo! É como se o pé dissesse: "Eu já tinha decidido ser mão, mas, como não posso, nego-me a caminhar!". Uma recusa dessa nasce em um coração que compara, coisa que só o individualismo faz.

Esse hábito de estabelecer comparações revela uma coisa: que ainda não enxergamos o corpo de Cristo. Pois diga-me: quem é melhor membro, o pé ou a mão? Impossível compará-los, você conclui, se parar e pensar no assunto. A função deles no corpo humano é diferente e ambos são igualmente necessários. No entanto, muitos minimizam de igual modo o dom de Deus. Por não conseguirem ser o membro especial que admiram, recusam-se categoricamente a assumir o lugar que lhes pertence. Ou pensam que todo ministério começa e termina com um ministério público e, por não terem o dom de atuar de maneira pública, não fazem nada.

Essa é a situação exata descrita na parábola de Jesus sobre homens e talentos (v. Mateus 25.14-30). Havia um servo com cinco talentos e outro com dois, mas a ênfase toda na parábola recai sobre o homem com um talento. O perigo é o irmão com um talento o enterrar. "Já que não recebi cinco talentos, ou dois, o que posso fazer com um? Já que outros são tão capazes de liderar a oração e dar o tom da reunião, tudo bem se eu permanecer em silêncio?

Não posso ocupar posição de proeminência; sendo assim, tem importância se ocupo qualquer outro lugar?"

No entanto, a parábola ensina que, se dois podem se transformar em quatro e se cinco podem se transformar em dez, um pode se converter em dois. Descobrimos a vida pela atuação. A Igreja sofre não tanto pelo destaque dos membros com cinco talentos quanto pela retração dos membros com um. A vida do corpo inteiro fica comprometida e empobrecida pelo enterro desses talentos únicos.

Se reconhecermos um dia o corpo celestial, haveremos de ficar muito felizes em ter nem que seja a mínima parte dele. Claro, a recusa a atuar porque só temos um talento pode revelar em nós desejos e ambições alheios à vontade de Deus. Ou, pior ainda, uma insatisfação com essa vontade. Mas não, se agrada ao Senhor fazer de mim o maior membro, louvado seja o Senhor! Se em vez disso ele escolhe fazer-me o menor, não seja menos louvado por isso! Sou mão ou sou pé? Serei apenas isso com alegria. Sinto perfeita satisfação com a escolha dele e estou disposto a atuar na esfera por ele designada. E, se aceito seu dom e o utilizo, um pode se transformar em dois, e muito depressa serão cinco ou mesmo dez.

Paulo escreveu: "[...] deem coragem aos tímidos [...]" (1Tessalonicenses 5.14, *Nova Tradução na Linguagem de Hoje*). O sentido literal do termo é "de alma pequena". Deveríamos encorajar o homem de posse de um talento não pela magnitude do dom que ele recebeu — não muito grande, afinal —, mas porque o Espírito Santo habita nele. A base para as expectativas dele é o próprio Deus. Um dos meus colegas mais próximos, antes de nascer de novo, era considerado incrivelmente maçante. Na verdade, quase tolo. No entanto, depois que Deus tomou conta de sua vida e o Espírito Santo começou a trabalhar nele, em dois anos ele já dava sinais de se tornar o que hoje de fato é: um dos mestres em Bíblia mais talentosos da China.

Portanto, a primeira lei da atuação é: usamos o que nos tem sido dado. Não podemos nos desculpar, dizendo: "Não sou necessário aqui". Nem encontraremos refrigério espiritual pegando nossa Bíblia e caderno e nos afastando até um local tranquilo para nos prepararmos para algum futuro ministério imaginado, se ao fazê-lo estivermos fugindo de uma responsabilidade presente. Nosso corpo físico pode ser revigorado dessa maneira, mas não nosso espírito. Não, a regra é sempre servir aos outros com o que temos em mão e, com isso, descobrir que nós mesmos somos alimentados. Lembre-se da história de Jesus junto ao poço. Ele estava com fome, pois enviara os discípulos para comprar comida, e com sede, porque pediu um gole de água à mulher samaritana. Mas, quando os discípulos voltaram, ele pôde afirmar que já comera. Ele se fortalecera fazendo a vontade de Deus ao ministrar a uma alma necessitada.

A comunhão do corpo é sempre de mão dupla: recebendo e dando. Querer só receber não é comunhão. Podemos não ser pregadores, mas, quando chegamos para adorar, ainda assim levamos o que temos. Deve haver ajuda dos bancos para o púlpito. Ficar sentado olhando não basta. Precisamos dar de beber às pessoas, não necessariamente falando, mas talvez pela oração silenciosa. E, se de fato só ficarmos sentados ouvindo, temos de *estar presentes* em espírito, não em outro lugar qualquer!

"Invistam esse dinheiro enquanto eu estiver fora" (Lucas 19.13, *Nova Versão Transformadora*): que grande alcance tem nosso ministério *no lugar em que nos encontramos*! O pouco trabalho confiado a nós é para o *corpo*, de modo que não há espaço para ciúme das pessoas. Não podemos fazer comparações e reclamar ao nosso irmão: "Deus usa você e não me usa". Alguém dentre nós preferiria ser como Pedro e ganhar almas? Tenhamos sempre em mente que os 11 se colocavam ao lado de Pedro como testemunhas. Pedro era o porta-voz, mas jamais poderia ousar dizer: "Eu ganhei essas almas".

De modo que cada membro do corpo tem um ministério, e cada membro é chamado para atuar no local designado pelo Senhor. Não faz nenhuma diferença quem executa o trabalho se a glória é de Deus. Precisamos utilizar, em benefício do Senhor, a posição por ele concedida e não sairmos correndo na esperança de nos isolarmos. "[...] tive medo, saí e escondi o seu talento no chão [...]." (Mateus 25.25) Não pode haver glória nenhuma quando se segue nessa direção.

Aceitando limites

A segunda lei das funções do corpo está nos versículos 17 e 18: "Se todo o corpo fosse olho, onde estaria a audição? Se todo o corpo fosse ouvido, onde estaria o olfato? De fato, Deus dispôs cada um dos membros do corpo, segundo a sua vontade". O princípio aqui apresentado é que, em nossa vida conjunta, temos sempre de deixar espaço para a atuação das outras pessoas.

Dizendo isso sem rodeios, não tente fazer tudo e ser tudo sozinho! Ninguém em seu juízo perfeito desejaria ver o corpo inteiro funcionar de uma única maneira apenas. Não é razoável que o todo seja um olho, nem que o olho tente realizar a obra do todo. O Senhor ordenou que houvesse variedade no corpo: ouvido e nariz, bem como olho e mão. Variedade, não conformidade, muito menos o monopólio de um só órgão. Assim, se o princípio anterior se aplicava àqueles que ficavam para trás, este se aplica aos que estão adiantados demais, querendo ser o corpo inteiro. A palavra para eles, repito, é: "Não tente fazer ou ser tudo; você *não* é tudo!".

Enquadram-se aqui as pessoas que, quando chegam a uma reunião de oração, só conseguem orar por si mesmas; não têm a capacidade de ouvir os outros. Estão dispostas a liderar, mas não a serem lideradas em oração. Querem que os outros as ouçam e digam "Amém", mas são impacientes em excesso para ouvir e dizer "Amém" para o que outras pessoas oram. Querem que a própria contribuição seja o destaque do encontro. São individualistas, mesmo ao orar em favor dos outros.

Na conversa, também são individualistas. Só conseguem falar de si mesmas e do trabalho que realizam. Não são capazes de ouvir quando se fala do trabalho de outras pessoas sem interromperem para falar alguma coisa sobre si mesmas. Carecem da habilidade de receber. O individualismo é uma característica perturbadora no trabalho cristão. Significa que *nosso* trabalho, *nosso* ministério, tornou-se tão importante que não temos interesse no que os outros estão fazendo.

Há grande frustração e sentimento de perda entre os membros de Cristo hoje porque alguns de nós, servos experientes do Senhor, não estão dispostos a permitir que outros atuem. O Senhor nos deu um ministério, e por essa razão achamos que devemos suportar toda a responsabilidade sozinhos, se pretendemos que as pessoas se desenvolvam e cresçam. Não percebemos que, agindo assim, na verdade atrapalhamos o desenvolvimento delas. Esse erro é fonte fecunda de desencorajamento e até divisão, e seus efeitos nocivos não param por aqui.

Suponhamos que eu encontre um ponto de doutrina para o qual não consigo enxergar solução e me descubra aturdido por causa disso. Que faço? Tento decidir a questão eu mesmo ou procuro o membro cujo dom especial de Deus é a capacidade de ensinar e esclarecer, e de conduzir pessoas para fora dos emaranhados doutrinários? Se opto pela primeira alternativa, abri caminho para uma nova divergência doutrinária, pois é assim mesmo que elas nascem. Em vez de confiar no Senhor para solucionar meu problema por intermédio de seu membro professor, permitindo assim que outro membro atue por mim nessa questão, criei a possibilidade certeira de que nós dois acabemos ensinando coisas diferentes e até conflitantes. Se, por exemplo, como evangelista, assumo também o ensino dos meus convertidos, esse tipo de confusão estará bastante propenso a acontecer. Em vez disso, devo servir e então, quando minha função estiver cumprida, ficar de lado e abrir espaço para outra pessoa. Pois um primeiro princípio do corpo é que "[o] que planta e o que rega têm um só propósito [...]" (1Coríntios 3.8).

Como membro de um corpo, preciso estar preparado para receber o que outro membro tem para dar. Por mim mesmo, devo me manter preparado para os limites. A igreja está em oração? Tenho de estar pronto para permanecer em silêncio e dar espaço para as orações "mais fracas". Tenho o dom de pregar? Preciso aprender a ficar sentado e ouvir as pessoas falarem. Seja minha medida pequena, seja grande, como membro não ouso ultrapassá-la, pois a marca da cruz está sobre tudo que é grande demais, tudo que é extrínseco ao corpo. Preciso me dispor a ficar completamente limitado à minha esfera de atuação e deixar as pessoas servirem na esfera delas. Devo me sentir feliz por elas atuarem em mim e aceitar a ajuda que a mim ministrarem.

Apreço pelas pessoas

Terceiro, chegamos aos versículos 21 e 22: "O olho não pode dizer à mão: 'Não preciso de você!'. Nem a cabeça pode dizer aos pés: 'Não preciso de vocês!'. Ao contrário, os membros do corpo que parecem mais fracos são indispensáveis". Em palavras bem simples, jamais devemos buscar a eliminação de outro membro. Não devemos pensar que temos permissão para agir no poder da cabeça e dispensar os membros. A fragilidade ou a rispidez de um membro não justifica sua exclusão.[10] Não nos atrevemos a dizer à outra pessoa: "Não preciso de você". Em vez disso, descobrimos quanto podemos aprender com membros pelos quais não teríamos apreço natural. Podemos ter de pedir ajuda em oração com frequência àqueles que talvez até nos sintamos inclinados a desprezar. Ah, a rapidez com que imaginamos que agir assim nos seria degradante e faria que perdêssemos nosso *status* espiritual! Todavia, o Senhor afirma que ele tem um lugar até para o mais fraco de seus membros e que pode usá-lo.

---

[10] Claro, existe uma coisa chamada disciplina na Igreja, em se tratando de pecado. Disso falaremos adiante, mas não é o que temos em vista no momento.

Uma vez, anos atrás, enfrentei um problema muito sério em minha vida. Dizia respeito à questão da investidura pessoal com o Espírito Santo para servir. Eu sentia profunda necessidade disso, ao mesmo tempo que vivia certa confusão mental acerca da respectiva doutrina. Contudo, por mais que orasse, de alguma forma o Senhor parecia renitente tanto em responder às minhas indagações quanto em me mostrar o caminho que me conduzisse a viver a experiência. Eu sabia que ele tinha algo mais para mim, mas esse algo mais permanecia fora do meu alcance, e eu sentia que precisava esclarecer a questão de alguma maneira, ou não conseguiria prosseguir. Não exagero quando digo que meu ministério inteiro dependia disso.

Na época, ocupava-me da pregação do evangelho em um local remoto do país, bem distante de outros servos de Deus dotados de algo que se aproximasse do conhecimento do Senhor de que eu me considerava detentor. Fora enviado àquele lugar por Deus, e não havia dúvida da necessidade ou da prontidão das pessoas para ouvir. Mas faltava alguma coisa. Minha pregação era vazia de poder e gerava pouquíssimos frutos. Contudo, o que Deus procurava me dar eu parecia incapaz de receber. Eu não conseguia avançar sozinho; necessitava, acima de tudo e naquele instante, de comunhão.

Mas onde a encontraria? Verdade, eu estava encravado entre um punhado de cristãos simples, gente do campo, mas sentia que eles precisavam tão pouco do Senhor que com certeza não podiam me ajudar com o grande problema à minha frente. Dificilmente teriam alicerce suficiente para orarem com inteligência por mim, ou para me auxiliarem a atravessar a situação. Ou seja, eu me esquecera da noção de corpo!

Afinal cheguei a um impasse. Não restava alternativa senão convocá-los, se eu não quisesse desistir e abandonar de uma vez o que vinha fazendo. Por isso, atendendo à minha solicitação, aqueles irmãos simples vieram em meu socorro. Relatei-lhes como pude minha dificuldade e eles oraram — e, quando oraram, a luz raiou! O problema não *precisava* de explicação. Estava resolvido e de forma tal que não precisou ser repetida. Daquele dia em diante, a maré de bênção fluiu.

Sim, Deus nos conduzirá com frequência a lugares que não conseguimos atravessar sozinhos. Pois a vida que garante que "bastamos eu e Deus" na verdade só o oculta. Naquele dia, o Senhor me ensinou como os membros do corpo que parecem mais fracos são na verdade mais preciosos para ele.

Mantendo a unidade

Quarto, os versículos 24 e 25 nos ensinam: "[...] Mas Deus estruturou o corpo dando maior honra aos membros que dela tinham falta, a fim de que não haja divisão no corpo, mas, sim, que todos os membros tenham igual cuidado uns pelos outros". O que o apóstolo afirma aqui em conclusão é que devemos rejeitar com determinação o cisma, que está absolutamente desautorizado. A vontade divina é que não haja cisma algum no corpo.

Nos capítulos anteriores, falamos de unidade em termos gerais. A Igreja, conforme vista no céu, não pode ser dividida. Louvado seja Deus, ela é única e para sempre. Sim, mas pode haver incursões contra essa unidade na Igreja na terra. Em termos de vida celestial, o corpo é intocável; mas, em sua atuação na terra, a triste verdade é que ele pode ser tocado e inclusive mutilado, como a situação em Corinto demonstra em profusão. Paulo condena esse estado de coisas em termos nada duvidosos.

Qual então é o segredo da unidade pragmática? Aqui vão duas afirmações sobre o assunto: "Pois em um só corpo todos nós fomos batizados em um único Espírito: quer judeus, quer gregos, quer escravos, quer livres [...]" (1Coríntios 12.13); "Há um só corpo e um só Espírito [...]" (Efésios 4.4). Elas revelam uma conexão extraordinária entre o corpo e o Espírito. A realidade oculta, o Espírito, tem sua contrapartida na manifestação, o corpo. O corpo é um porque o Espírito é um. Lembre-se: o Espírito Santo é uma pessoa, e não se pode subdividir uma pessoa. "Deus estruturou o corpo" porque o corpo único há de ser uma manifestação do Espírito único. Sempre existe unidade no Espírito. O fato divino é certo. A única dúvida é: empenhamo-nos sempre para manter a unidade? (v. Efésios 4.3).

Antes de passarmos para uma palavra adicional acerca do Espírito Santo e o corpo, lembremo-nos de que o ponto de partida para a unidade espiritual é a vida. Você talvez já tenha observado que os quatro princípios delineados anteriormente na verdade não estão expressos como mandamentos. Eles aparecem em 1Coríntios 12 na forma de afirmações acerca de como é o corpo. Descrevem-no em termos das manifestações espontâneas da vida e do crescimento de um corpo humano. Isso é significativo e nos leva a considerar um aspecto importante da vida, qual seja, a consciência.

Toda vida animal tem uma percepção de si mesma, mas isso é especialmente verdade em se tratando da vida que provém de Deus. Onde há vida, há essa percepção.

Um biólogo não tem como isolar a vida e entregá-la para nós a fim de que a toquemos ou examinemos, nem existiria maneira de a vermos se ele o fizesse. Contudo, todos concordarão que, por causa da nossa percepção ou consciência interior, sabemo-nos dotados de vida. Não temos a menor dúvida de que vivemos.

O mesmo vale para a nova vida. Embora a vida que Deus dá não possa ser manuseada ou vista, com certeza nos é possível estar conscientes dela. Conhecemos a nova vida porque com ela é despertada dentro de nós uma nova consciência. O homem que nasce de novo recebe nova vida de Deus. Como ele sabe que a recebeu? Como qualquer um de nós sabe que possui uma nova vida? Por uma nova consciência de vida. Se a vida estiver presente, a consciência também estará e se manifestará muito em breve, em relação a Deus e ao pecado. Se pecamos, há dor. Perdemos parte da nossa paz e alegria. É o que prova a presença de vida. Pelo fato de a vida de Deus abominar o pecado, passou a existir em nós uma nova consciência em relação ao pecado. Quando uma pessoa necessita que alguém lhe aponte os seus pecados a todo instante, não tendo consciência deles senão assim, por mais disposta que esteja a ouvir, é mais que improvável que essa pessoa tenha vida.

Hoje damos grande ênfase à vida, mas isso não basta. Deveríamos enfatizar também a consciência da vida, porque, quando ela falta, pouquíssima prova de vida nos resta. Constitui um equívoco pensar a vida como algo abstrato; ela é concreta, real. No coração humano, a nova vida se faz presente ou ausente, e a consciência da vida é o que confirma sua presença. Tampouco essa consciência é apenas negativa em relação ao pecado. Também é positiva, felizmente, em relação ao próprio Deus. O Espírito testemunha ao nosso espírito que somos filhos de Deus — sim, mas de nada adianta proclamá-lo às pessoas! Ou elas o sabem, ou não. Se têm a vida de Deus, sabem pelo Espírito. Muitas, é triste dizer, fazem orações em que não demonstram ter nem consciência do pecado, nem o amor de Deus no coração. Só se pode descrevê-las como orações de anjos, pois não exibem nenhuma das marcas das orações feitas pelos filhos de Deus.

Mas, se o que dissemos é verdadeiro em relação à vida do indivíduo, não é menos verdadeiro em relação à vida do corpo. Quem tem vida, a tem em comum com outras pessoas, e quem conhece o corpo está consciente do caráter coletivo dessa vida. Pois o corpo não se restringe a um princípio ou doutrina; ele também supõe uma consciência. Como temos consciência de uma nova vida, se estamos dentro do corpo, devemos necessariamente estar conscientes também disso.

Alguns agem em relação ao corpo muito como as pessoas fazem ao decidirem amar os inimigos por se tratar de um dever cristão, ou a não contarem mentiras por ser errado. Conquanto seja muito importante se mentimos ou não, mais importante ainda é, se for o caso, sentir-nos atribulados por dentro. A consciência interior de Deus e a sensibilidade interior ao pecado são a base do cristianismo. Sim, elas mesmas, não regras exteriores. Portanto, pouco adianta tentar viver segundo o princípio do corpo, a menos que estejamos conscientes de que há alguma coisa errada quando não o fazemos. Uma coisa é nos contarem; outra, muito diferente, é ver. A consciência é a percepção interior que vê sem que ninguém lhe conte. Se o ingresso de luz divina consegue dar ao nosso coração a consciência de Deus, e do pecado que se lhe opõe, pode dar uma consciência semelhante do corpo e de conduta que se opõe a Cristo como a cabeça do corpo. A luz de Deus despertou em Paulo uma consciência do corpo e lhe mostrou que ele estava se opondo a Jesus na pessoa dos seus membros. Sem a consciência proveniente de revelação e de vida, tudo fica de fato vazio.

"Amem-se uns aos outros"
Deixe-me tentar agora ilustrar a operação dessa faculdade a que denominei "consciência do corpo" — essa sensibilidade ao corpo de Cristo. Ela funciona, antes de mais nada, na questão do amor. "Sabemos que já passamos da morte para a vida porque amamos nossos irmãos [...]." (1João 3.14) Todos que são membros do corpo amam. Isso é extraordinário. Ninguém precisa esperar até que lhe falem a respeito. Amam de maneira espontânea, quer pensemos no assunto, quer não. Podem necessitar de uma exortação, mas isso para provocar o que têm. Lembro-me de um amigo me contando quando lhe puseram o primeiro filho em seus braços. Ele sentiu o coração quase parar de tanto amor por ele. Ninguém teve de lhe dizer que era dever do pai amar o filho. Mas ele encontrou amor dentro de si, simples assim. Mas não é igualmente verdade que, não importa quem ou o que um irmão é, assim que você sabe que ele é um cristão, sente o coração quase parar de tanto amor por ele? Isso é consciência do corpo.

Também funciona no tocante à divisão. Só que, em se tratando de amor, a consciência é ativa e positiva; em se tratando de divisão, ela é passiva e negativa. Para quem descobriu de verdade o significado do corpo, toda divisão e tudo que contribui para a divisão é odioso ao extremo. Ser pego fazendo acepção entre cristãos é, para eles, entrar em um mundo estranho. Seja certo ou não gloriar-se em alguma característica denominacional, quem reconhece o corpo de Cristo sabe que amar o denominacionalismo é uma impossibilidade. Um espírito sectário, ainda que consagrado pela tradição e pelo uso, logo se torna intolerável para o homem dotado de vida.

De novo, facções e panelinhas têm se tornado mais comuns entre os cristãos hoje em dia. Pode haver um grupo de 20 cristãos, todos nascidos do Espírito, reunidos em torno do Senhor. Entra um irmão que logo atrai para si um pequeno grupo. Isso não é o corpo nem pode se tornar o corpo. Mas e se, conhecendo nossa unidade em Cristo, encontrarmo-nos tentados a fazer esse tipo de coisa, não tomamos consciência na mesma hora do erro? Se não, alguma coisa com certeza está faltando. Se o corpo tem algum significado para nós, tudo que divide, dentro e fora, passa a ser abominável. Começar a criar divisão já é abdicar da paz interior. Sabemos que não conseguiremos seguir em frente. Não o permitirá a consciência da vida única, e isso é resposta suficiente.

Não se trata de questão de doutrina, mas tem a ver com a consciência viva da nossa comunhão em Cristo, e isso é algo precioso. A vida instantânea nos é dada e desperta em nós um sentimento crescente e cada vez mais profundo de "pertencimento". Não podemos mais ter uma vida cristã egoísta, autossuficiente. A natureza da borboleta, sempre vivendo "por conta própria", deu lugar dentro de nós à natureza da abelha, sempre operando a partir da colmeia, sempre trabalhando não por si, mas para o todo. Consciência de corpo significa que vemos nossa posição diante de Deus não como unidades isoladas, mas como membros uns dos outros.

Unidades soltas não têm especial serventia. Não exercem nenhum ministério e podem passar despercebidas ou ser deixadas de fora com facilidade. Ninguém se interessa em saber se estão ou não presentes. Mal afetam até mesmo as estatísticas. Mas com membros acontece o contrário. Não podem se manter passivos dentro do corpo; não se atrevem a ficar por perto, só observando. Pois ninguém é mais danoso que espectadores. Se temos ou não uma participação *pública* nas coisas, é irrelevante; precisamos sempre dar vida, de modo que nossa ausência seja sentida. Não podemos dizer "Eu não conto". Não ousamos frequentar reuniões apenas de corpo presente enquanto outras pessoas fazem o trabalho. Somos o corpo do Senhor e seus membros em particular, e quando todos os membros cumprem cada qual seu ministério é que a vida flui.

Pois está tudo atrelado à vida e à fonte de vida. A cabeça é a fonte de vida do corpo humano; machuque-a, e todo movimento, toda coordenação, cessa. Um tronco sem cabeça não tem nem vida nem consciência de vida. Como membros de Cristo, recebemos nova vida dele; mas a vida está "no Filho" — não é algo separado dele, que possamos levar embora conosco. Desliguemo-nos por um instante de Cristo, e não teremos vida alguma. Sabemos bem como uma simples sombra entre nós e ele pode impedir-lhe o fluxo por algum tempo. Porque nossa vida está *nele*; nada temos em nós mesmos. Tem a vida quem tem o Filho.

Por isso Deus não diz para nos unirmos a nossos colegas membros, mas para estarmos unidos "à Cabeça" (Colossenses 2.19). Aqui temos o caminho da comunhão. Pois Cristo não está dividido; ele é um. Agarremo-nos a ele, e veremos brotar em nosso coração um amor espontâneo por todos que tiverem idêntica atitude.

Unidade é atributo de Cristo, não nosso. Somos dele, *portanto* somos um. Por exemplo, dizer que temos comunhão com um irmão porque gostamos dele é violar a unidade, fazendo-a girar em torno de nós mesmos. Apesar de talvez não nos apegarmos com tanta naturalidade a alguns como acontece de pronto com outros, permitir que isso afete nossa comunhão nada mais é que revelar-lhe o falso fundamento. Ou, de novo, fazemos alguma coisa para um irmão e em seguida reclamamos de sua ingratidão? Só pode ser porque o fizemos em busca de agradecimento, não por causa de Cristo — não porque, antes de mais nada, Deus *nos* amou tanto. Nossa motivação estava errada porque nosso relacionamento com a Cabeça era deficiente.

O apego exagerado a membros nossos colegas leva a amizades exclusivistas. Não há espaço no corpo para esse tipo de coisa. Se um cristão desenvolve uma fixação por alguém a ponto de nascer uma amizade doentia entre eles, como não poderia deixar de ser, em pouco tempo essa amizade resultará em uma facção. Porque a comunhão que acontece "segundo a carne" tem um alicerce equivocado e só pode acabar levando à dor. Quando dois membros se afeiçoam com exclusividade um ao outro, justifica-se nosso receio, pois o amor que expressam não provém exclusivamente de Deus. "Amem-se uns aos outros" ou é algo que acontece na esfera do corpo e, portanto, centrado em Cristo, ou é errado. Deus nos livre das escolhas naturais que não foram pregadas na cruz e nos ajude a seguirmos o Espírito nessas coisas.

A unção do Espírito é o dom de Deus para cada bebê em Cristo (v. 1João 2.18-20,27). Ao recebermos Cristo como Cabeça, recebemos a unção — na verdade, a ausência dela seria evidência grave de ainda não estarmos unidos ao Senhor (v. Romanos 8.9). João nos mostra essa unção como algo interior, transmitindo até aos bebês em Cristo o ensino do Espírito "acerca de todas as coisas" (1João 2.27) — ou seja, não acerca apenas das Escrituras. O que quero dizer? Sirvamo-nos de uma ilustração prática. Imagine que eu queira saber se faço ou não uma viagem para Hong Kong. Como decido isso? Procuro um versículo das Escrituras? Ou o conselho de amigos? Ou resolvo na minha cabeça entre o que há de certo e de errado a respeito dessa viagem? Não, como sempre dizemos, o fundamento da nossa vida não é "bom ou mau", mas a unção. "O Espírito Santo participa desse plano? Sinto o coração vazio ou cheio quando penso no assunto?" Não se trata de uma questão envolvendo sentimento ou comparação, mas de investigação do posicionamento divino: "O Espírito testemunha vida? Ele me assegura o prazer do Pai nesse passo?". Essa é a única prova segura. Pois enquanto a maneira com que escolhemos pode ser perfeitamente correta em si mesma, o que de fato importa é o Espírito se movendo no mesmo sentido.

Nisso está a simplicidade da vida dos filhos de Deus. Não há necessidade de grande esquadrinhamento. A desobediência à unção muito em breve nos fará passar maus bocados com o Senhor, ao passo que a mente do Espírito é sempre vida e paz (v. Romanos 8.6).

Porque o Espírito é um, quando seus filhos se movem assim, não enfrentam problemas relacionados com a comunhão. Pois o corpo conhece uma lei: a da unção. Regras são boas em sociedade, mas não no corpo. Os fariseus eram fundamentalistas no que dizia respeito à letra do Antigo Testamento. Viviam segundo a letra; conheciam todas as regras — como nós, talvez possamos sentir, também conhecemos. Mas e se nosso conhecimento dessas regras, como aconteceu com Saulo de Tarso, admitir que silenciamos a voz do Espírito Santo? Ele conhecia a lei, é verdade, mas não sabia nada sobre o Filho do homem no céu (v. Atos 7.55-58). Extinguir o Espírito é calar justo a consciência da nossa vida em conjunto como o Homem celestial. É prejudicar nosso relacionamento com a Cabeça de modo tão terrível quanto uma enfermidade dos nervos em um membro o dissocia do controle efetivo por parte dos centros superiores. Façamos isso e logo, como Saulo, seremos descobertos a bufar ameaças e massacres.

A vida de comunhão de Saulo começou quando ele disse: "[...] Que devo fazer, Senhor? [...]" (Atos 22.10). Eis o segredo. Manter-se unido à Cabeça é obedecer a Cristo por intermédio do Espírito. Seguir o Espírito é se sujeitar ao Senhor Jesus em todas as coisas. O Espírito jamais imporá essa obediência aos membros, mas quem vive segundo a unção, instintiva e alegremente, sempre se submeterá a Cristo. E, ao fazê-lo, descobrirá sua unidade. Oh, contemplar o Cristo, então, como indiscutível Senhor!

CAPÍTULO 8

Ministrando vida

O propósito sublime de Deus para a Igreja hoje é que ela se edifique em amor por meio de um ministério de vida, crescendo assim em todas as coisas em Cristo (v. Efésios 4.15). Essa é a meta estabelecida em Efésios 4. Ademais, em 1Coríntios 13, um capítulo depois da passagem sobre o corpo que acabamos de analisar, Paulo nos mostra que Deus usa o amor, não os dons, para a edificação duradoura da Igreja. Os dons são expressões exteriores em palavras e discursos, milagres, curas, profecias e assim por diante. O amor é o fruto da operação interna do Espírito Santo por intermédio da cruz na vida dos membros. Dons são um método temporário — um método divino, sem dúvida —, mas é no amor que o corpo se edifica (v. Efésios 4.16). E, quando tudo mais acaba, o amor permanece.

Temos aqui um exemplo de algo que precisamos agora levar em consideração ao passarmos a refletir sobre o ministério da Igreja. Refiro-me à ênfase frequente nos escritos de Paulo à melhor de duas coisas. Às vezes, em certo contexto, essa ênfase é bem forte; outras vezes, apenas implícita, mas, apesar disso, deve ser considerada. Nesse caso, ele está frisando a permanência. Apesar de tudo que se diz em outro momento sobre os dons espirituais, quando Paulo os contrasta com o amor em 1Coríntios, chama a atenção para a impermanência comparativa que os caracteriza (cf. 13.8-11).

Em determinadas ocasiões, os dons espirituais podem não necessariamente contar com a intenção de Deus de que sejam duradouros, pois dons não precisam depender da estatura espiritual de quem os recebe. Eles têm um ministério objetivo, ao passo que o propósito maior de Deus para o homem é subjetivo via a formação do Espírito dentro desse homem, não apenas por sua habitação temporária sobre ele. Portanto, os dons são chamados de "espirituais" não porque o recipiente seja espiritual, mas por virem do Espírito Santo.

Por que tantos que foram usados de maneira tão grandiosa muitas vezes parecem deixados de lado depois? Como resposta, antes de mais nada eu indagaria: como sabemos que Deus *queria* sempre usá-los desse modo? Ele não poderia ter outros planos? Pois Deus não assina contratos! E, afinal de contas, nós mesmos não costumamos empregar um trabalhador por alguns dias para uma tarefa urgente, cientes de que ele nunca passou por nenhum teste ou é inexperiente, e sem nenhuma garantia de mantê-lo por tempo indeterminado, sem receber treinamento, nessa função em particular? Reservamo-nos o direito de fazer mudanças. Não pode ser que Deus, de semelhante modo, use os homens por algum tempo e então, em sua sabedoria, mude a natureza do emprego deles?

Deus *empresta* sua força, que se mantém como um empréstimo divino, sem jamais se tornar posse nossa. Sansão, por exemplo, tinha o dom da força. Parecia não haver nada que não pudesse fazer. Contudo, em termos de entendimento espiritual ou pureza de vida, ele pouca importância teve diante de Deus. Permanecendo sempre um tolo, sucumbiu às concessões e acabou conspirando para a própria queda. Comparando-o a Samuel, que o sucedeu, vemos que Deus só poderia usá-lo para realizar um propósito imediato, não mais que isso.

É, portanto, um erro medir a espiritualidade apenas pela presença de dons. Em si mesmos, são base inadequada para um homem ser usado em caráter permanente por Deus. Podem se fazer presentes e ser valiosos, mas o objetivo do Espírito é muito maior — formar Cristo em nós pela operação da cruz. Ver Cristo entretecido nos cristãos. Portanto, não se trata apenas de o homem fazer certas coisas ou proferir certas palavras, mas de ele ser certo tipo de homem. Ele é o que prega. Uma quantidade enorme quer pregar sem ser o que diz, mas a longo prazo é o que somos, não apenas o que fazemos ou falamos, que importa para Deus; e a diferença está na formação de Cristo no interior.

O dom de Deus para os homens

Em 1Coríntios 12, Paulo define três assuntos para começar a tratar, quais sejam, os dons e o Espírito (v. 4), os ministérios e o Senhor (v. 5) e as atuações e Deus (v. 6). De modo geral, penso eu, os três correspondem aos assuntos tratados nas seções seguintes do capítulo: os dons pelos versículos 7-11, os ministérios pelos versículos 12-27 (passagem sobre a qual já refletimos em algum detalhe) e as atuações pelos versículos 28 e 29. Há que se notar ainda que, no terceiro caso, a prioridade é dada aos homens interessados — apóstolos, profetas, mestres.

O Espírito concede dons; Deus concede homens. Aqui está uma distinção que acho bom observarmos. Claro, é a ênfase especial de Efésios 4 (cf. v. 11,12), mas todo o teor dos escritos de Paulo, e não menos aqui em 1Coríntios, está voltado para o caráter dos homens que Deus pode usar.

Se nos damos por satisfeitos enfatizando apenas os dons e o ensino da verdade e parando por aí, podemos ter certeza de bênçãos e frutos — nesse nível. Mas isso basta? Só desejamos ser usados? Sansão foi usado. Bem como Balaão e Saul — durante algum tempo. Mas diga-me: o que eles representam nos satisfaz? Saulo não passou de um rei provisório; Balaão, de um profeta temporário. Porque a questão não é apenas as palavras e os atos desses homens, mas eles em si. Vale a pena observar que, quando Jesus citava o Antigo Testamento, não falava "a profecia de Isaías", mas "o profeta Isaías". Nunca foi "vocês rejeitaram as profecias", mas "vocês rejeitaram os profetas". O Senhor dá grande ênfase aos homens. Não receber os profetas ou os apóstolos significa não receber o Deus que os enviou.

Essa, creio, deveria ser a base do nosso treinamento. Algumas pessoas se mostram surpresas porque rapazes e moças desejosos de servir ao Senhor nos procuram em Xangai, embora não ofereçamos ciclos de palestras sobre conhecimento bíblico, homilética ou temas semelhantes. Nossa esperança, no entanto, é que os que vêm até nós possam se tornar homens e mulheres melhores, não apenas que aprendam mais doutrina ou adquiram maior habilidade como pregadores. A necessidade não é de maiores dons, mas de homens aos quais Deus possa usar. Com frequência demasiada, as pessoas são ajudadas por nossos dons, mas prejudicadas pelo que somos. A água viva tem de se contentar com vasos impuros, o que é uma vergonha.

É verdade, claro, que Deus enaltece os que não são dignos e permite que profiram suas palavras anos antes de lhes compreenderem por completo a importância, mas não quer que nenhum de nós pare por aí. Podemos seguir em frente desse modo por algum tempo. Todavia, não é verdade que, a partir do momento em que o Senhor inicia em nós sua obra de formação por meio de disciplina e castigo, vai ficando cada vez mais evidente como na verdade conhecíamos pouco o real significado do que vínhamos dizendo? Ele pretende que alcancemos posição mediante a qual possamos falar, com ou sem dons manifestos, por *sermos* o que falamos. Porque na experiência cristã as coisas espirituais de Deus são cada vez menos exteriores, ou seja, relacionadas com dons, e mais interiores, relacionadas com a vida propriamente dita. No longo prazo, o que conta são a profundidade e a interioridade do trabalho. À medida que o próprio Senhor se torna mais e mais para nós, outras coisas — sim, e aqui devem estar incluídos também seus dons — importam cada vez menos. Portanto, apesar de ensinarmos a mesma doutrina, de falarmos as mesmas palavras, o impacto sobre as pessoas é muito diferente, manifestando-se em uma profundidade crescente da obra do Espírito também dentro delas.

A seus servos, Deus dá o dom da profecia; à igreja, ele dá profetas. E o profeta é alguém que tem uma história, alguém que tem sido tratado por Deus, alguém que tem experimentado a obra formadora do Espírito. De vez em quando, aspirantes a pregadores querem saber de nós quantos dias deveriam ser gastos na preparação de um sermão.

A resposta é: no mínimo dez anos, sendo mais provável que chegue perto dos vinte anos! Nesse ponto, vale o ditado: "Quanto mais velho, melhor". Pois para Deus o pregador tem tanta importância quanto o que será pregado. Deus escolhe como profetas aqueles em quem já trabalhou o que pretende usar como mensagem para hoje.

Porque saber doutrina e conhecer Deus são coisas bem distintas. Não se carrega na cabeça o que é espiritual. Valorizamos as belas palavras, mas Deus busca bons homens. Alguns falam, e somos ajudados; outros repetem as mesmas palavras, e continuamos vazios. A diferença está nos homens em si. Não podemos enganar a Igreja com valores intelectuais em lugar de espirituais. Ela sabe! Nada substitui o que o homem é diante de Deus.

Assim, eis a pergunta que se impõe: somos como as palavras que dizemos? "Senhor, se não te conheço, nem o significado da tua cruz, tampouco a mão formadora do teu Espírito sobre mim, poupa-me da presunção ao falar e comece hoje em mim qualquer que seja a obra necessária a fim de remediar essa deficiência. Quebra, molda, testa, prova-me, de modo que eu possa falar do que sei." Esse deve ser nosso clamor; falar em nome do Senhor o que desconheceremos, se tiver alguma serventia, será por um trecho bem curto do caminho.

Dons e vida

"Há diferentes tipos de dons, mas o Espírito é o mesmo. Há diferentes tipos de ministérios, mas o Senhor é o mesmo" (1Coríntios 12.4,5). Já sugerimos que a segunda afirmação encontra paralelo na passagem dos versículos 12 a 27, que trata de Cristo e da vida recíproca do seu corpo. Mas, nas duas afirmações anteriores, penso que podemos reconhecer outra distinção útil, qual seja, a diferença entre dons e vida, entre os meios utilizados para o ministério e o que é ministrado.

Dons são os *meios* recebidos do Espírito Santo pelos quais dou de Cristo para o corpo; o ministério (ou "ministração") é *o que* eu dou de Cristo para o corpo. Cada ministério contribui com alguma coisa mais de Cristo; e é o ministério, não os dons, que é comparado aqui por Paulo com as funções do corpo humano da visão, da audição e da locomoção. Assim, enquanto diferentes pessoas podem ter o mesmo dom, não se pode dizer a mesma coisa sobre os diferentes "ministérios" da vida sugeridos pela linguagem dessa passagem. Cada um é peculiar — a contribuição singular para a vida dada pelos membros ao conjunto. É aquilo que você ou eu recebemos especialmente do Senhor para compartilhar com seu povo, e pode até ser algo que o corpo nunca recebeu. Para a realização desse ministério de "dar Cristo", os dons espirituais não passam de *ferramentas*. Faço uso delas para dar ao corpo de Cristo o que conheço.

Isso é importante por mostrar que muito do chamado avivamento espiritual acontece sobre uma base errada. Dons são ostentados, mas sem Cristo, e isso se compara a ter muitos utensílios de cozinha, mas nada em que utilizá-los. Mas é pior ainda, pois sem Cristo os dons não são apenas vazios, como também podem ser enganosos. Alguns deles, pelo menos, podem ser simulados como é impossível que aconteça com um ministério de Cristo, ao passo que o que importa para o corpo não são nossos dons, mas o conhecimento pessoal de Cristo que expressamos por meio deles. Nos hospitais, duas enfermeiras podem usar colheres semelhantes, mas o que interessa é o que elas administram nessas colheres; uma talvez dê ao paciente um remédio caro capaz de curar e a outra, um mero paliativo. *O que* ministramos é que conta. A saúde e o crescimento do corpo vêm de um ministério exclusivo de Cristo; nunca pode ser apenas de dons. Enquanto os dons são necessários (pois "[a] cada um, porém, é dada a manifestação do Espírito, visando o bem comum", 1Coríntios 12.7), jamais substituem Cristo. Nosso primeiro dever é nos perguntarmos: "Tenho alguma coisa para dar?". E então aprender pelo Espírito de que maneira dar Cristo ao corpo.

Como faço para ter um ministério específico? Não pela doutrina primeiro, mas pela vida. Abraão aprendeu a ter fé no lugar em que só a fé em Deus lhe restou como possibilidade, não pelo aprendizado de uma doutrina. Abel aprendeu com a experiência o valor do perdão pelo sangue. Primeiro vieram o problema, o desespero, a experiência — *e a vida*; depois a doutrina. Não é buscando, estudando, comparando, mas no lugar do desespero que Deus concede vida. Deveríamos aproveitar toda oportunidade para estudar e aprender, mas não é aí que encontraremos nosso ministério. Pregadores correm especial perigo aqui, sempre em busca de nova luz nas Escrituras, de novos temas para os sermões. Mas o caminho para o ministério não está aí. Nossa experiência especial de Cristo é o que constitui nosso ministério, e a prova da nossa fé que opera em nós experiência.

A esta altura, eu gostaria de chamar sua atenção para uma mudança significativa de ênfase que tem lugar nos escritos do próprio Paulo, entre suas duas cartas aos coríntios. Parece que 1Coríntios se ocupa principalmente do ministério dos dons, e 2Coríntios, do ministério da vida. Em 1Coríntios 12 e 14, são mencionados muitos dons: palavra de sabedoria, palavra de conhecimento, operação de milagres, profecia, discernimento de espíritos, variedade de línguas, interpretação de línguas e assim por diante. Como esses dons são concedidos para o bem de toda a Igreja, a questão mais discutida no livro é: que valor especial eles têm? Em 2Coríntios 3 e 4, por outro lado, quando Paulo fala do próprio ministério, não enfatiza os dons, em absoluto. Deixa bem claro que está muito mais preocupado com a formação de Cristo no interior. Cristo, o tesouro dentro do vaso, é fonte e tema do ministério da Igreja (v. 2Coríntios 4.7). "[...] pressionados, mas não desanimados; [...] perseguidos, mas não abandonados; abatidos, mas não destruídos" (2Coríntios 4.8,9). Ou talvez disséssemos: "Amaldiçoados — mas não amaldiçoados!". O segredo é a sobrevivência triunfante em Paulo desse tesouro. A morte de Cristo operando nele se torna a fonte de uma vida a ser compartilhada com o povo de Deus.

Podemos parafrasear a expressão de Paulo no versículo 10: "[...] o morrer de Jesus [...]" que "[t]razemos sempre em nosso corpo [...]" como "a execução de Jesus que opera a morte em mim". Essa operação da morte, como eu já disse em outra ocasião, é diferente da morte definitiva de Romanos 6, pois se trata de um processo diário e constante no filho de Deus. E conduz antes de mais nada à vida em mim (cf. 4.10). Contudo — e aqui entra a ideia que defendemos no momento —, não para por aí, mas vai além, louvado seja Deus, ministrando também *"em vocês, a vida"* (v. 12).

Pelo que Paulo nos conta, vida é aquilo com que ele serve à Igreja, e ao dizer isso o apóstolo define aquilo sobre o que todo ministério verdadeiro na Igreja está alicerçado. A morte, ao operar no servo de Deus, produz vida; e porque ele tem vida, outros também a têm. A Igreja recebe porque alguns estão dispostos a suportar a cruz. É o recebimento da morte de Jesus por parte deles que conta. Essa é a nova lição de Paulo para os coríntios. Ao permitir que Deus atue por intermédio de suas dificuldades e provações, louvando-o e submetendo-se à sua vontade, seus filhos lhe possibilitam levar vida a outras pessoas. Mas só os que pagam tal preço recebem esse ministério dispendioso, pois a vida é liberada por meio da morte e só assim. Enquanto os dons em si são menos caros, o que podem nos permitir fazer e dizer jamais consegue redundar em boas deficiências no que somos como servos de Deus.

Vemos assim dois ministérios pelos quais o corpo é edificado — dos dons e da vida. Podemos nos perguntar: em qual deles discernimos o propósito supremo de Deus? Respondo: não nos dons, mas na vida proveniente de Cristo, a qual nos chega por meio da morte. Os dons não devem ser descartados (v. 1Timóteo 4.14; 2Timóteo 1.6; 1Pedro 4.10), mas lhes devotar a maior consideração ainda é "pensar como menino" (v. 1Coríntios 13.11) sobre as coisas espirituais. Pois em 2Coríntios 3 e 4 Paulo nos recomenda o que há de ser considerado mais valioso: a partir do nosso conhecimento de Cristo, adquirido pela maneira em que ele nos tem conduzido, ministramos a nossos irmãos a vida que o Espírito vem formando em nós.

Hoje, muitos ministram por meio de dons; em comparação, poucos o fazem por meio de vida. O que pode não ser errado onde os cristãos são jovens no Senhor e onde a medida de vida pela operação da cruz nesses cristãos é limitada ao breve intervalo de história espiritual existente até o momento. Logo, para a edificação de igrejas jovens e a fim de ganhar almas, os dons espirituais podem assumir uma importância especial. Mas não são marca de maturidade em si mesmos, nem, com certeza, algo de que nos gloriarmos. Demonstrá-los estabelece fé, mas, com uma medida crescente de vida espiritual na igreja, a necessidade de depender deles se torna menor. O mesmo vale para o perigo do orgulho que os acompanha. Esse progresso não significa que coisas ditas ou feitas são necessariamente diferentes, mas que aumenta o significado dentro do servo de Deus. As palavras podem não ter se alterado, mas brotam de uma consciência interior mais profunda. Não dons, mas a operação da cruz: esta é a medida da estatura espiritual de um homem. Só os tolos se orgulham das palavras que Deus dá, pois ele não mostrou que falará, se necessário, por intermédio de uma jumenta?

Em certo sentido, portanto, usarmos ou não os dons constitui questão secundária. O importante é ministrarmos vida — a vida que recebemos do Senhor. E se Deus permite ou não que os indivíduos conservem certos dons e os incrementem, isso é assunto dele. De uma coisa não há dúvida, no entanto: no desenvolvimento de sua Igreja, Deus faz uso cada vez maior da vida e menor dos dons. Ao menos em suas manifestações mais visíveis, os dons tendem a diminuir, e a vida, a crescer. Para o ministério eficaz junto à igreja nem o discurso, nem a eloquência, nem os milagres, nem as línguas são de primordial importância. Deus usa homens como seus porta-vozes por um tempo, e então, no que diz respeito a essas coisas, pode optar por deixá-las de lado. A vida do corpo, contudo, prossegue. Ou seja, confiar em dons é insensatez, a menos que eles ministrem a vida do doador da vida.

O ataque da morte contra a Igreja

Enquanto andou na terra, o próprio Jesus foi vaso de vida divina. Quando os homens tocavam nele, tocavam em Deus; quando olhavam para ele, viam Deus. Toda a plenitude da divindade habitava nele em forma corpórea (v. Colossenses 1.19; 2.9). Hoje essa vida divina está confiada à Igreja, seu corpo. Ela é o vaso daquela vida, destinado a ser cheio até toda a plenitude de Deus (v. Efésios 1.23; 3.19). Tudo que pertence a Cristo tem o intuito de ser visto na Igreja. Esse é o propósito para o qual ela foi deixada aqui por Deus: porque deve conter e ostentar a vida do seu Filho.

Ele é a Luz, o Caminho, a Verdade; é o Filho, o Rei, o "EU SOU". Todavia, qual o seu papel mais típico? Em João 11.25, ele nos diz: "[...] 'Eu sou a ressurreição e a vida [...]' ". Sem dúvida esse é o traço mais característico dele. E, como nos mostram os capítulos de abertura do livro de Apocalipse, a Igreja deve conhecê-lo assim, como aquele que ressuscitou e vive, a fim de também poder apresentar esse mesmo caráter. Sua tarefa é manifestar a vida e a ressurreição de Cristo.

Do Éden em diante, a longa disputa entre Deus e Satanás tem sido sobre essa questão de morte e vida. (Veja, por exemplo, Gênesis 3.3,4; Romanos 5.12,17,21; 1Coríntios 15.22). Tudo que diz respeito a Deus tem a vida como característica; tudo que diz respeito a Satanás tem a morte. Não se trata de uma questão de santidade apenas. Há muita santidade falsa no mundo capaz de nos enganar de imediato, mas a vida é coisa que não pode ser imitada. Há vida em mim? Transmito vida às pessoas? Essas são as perguntas a serem feitas. Pois vida é algo mais profundo que pensamento, mais real que sentimento e doutrina. Onde há vida, há Deus. A grande diferença entre Cristo e todos os outros é que, enquanto eles estão mortos, Cristo vive. A morte não pôde retê-lo. E Deus, que destruiu a morte por meio de Cristo, hoje usa a Igreja com o mesmo propósito. Hoje ela é o vaso divino da vida, chamado, para revelar a vida ressurreta do Filho e para levar os homens ao conhecimento dessa vida.

Contudo, se esse é o trabalho e o ministério da Igreja, de pronto vemos qual será a natureza do ataque de Satanás contra ela. A morte será sua arma. Note a importância disso. Se o ataque viesse pelo pecado, ou pelo mundo, ou apenas por um ataque direto, saberíamos nos proteger. Mas mesmo resolvida a questão do pecado, e mesmo que o mundo não disponha de atrações para nós, Satanás continua detendo poder. Não adianta tapar um buraco se há vários outros no vaso!

O pecado não passa de uma estrada; a morte é o alvo. Lidar com o pecado é ainda não ter tocado a morte. Se você já chegou a algum lugar, a destruição da estrada não o tira de onde está. O poder de Satanás está não apenas no amor ao mundo, ou no pecado, ou em qualquer tipo de ataque direto, quer na mente quer no corpo ou em alguma outra parte. Podemos superar tudo isso e, no entanto, ainda não sermos vencedores, pois ele continua tendo poder por meio da morte.

Louvado seja o nome do Senhor, Deus nos mostrou desde o princípio de onde virá o ataque contra a Igreja.

Devemos esperá-lo das "portas do Hades" — ou seja, a morte. Essa expressão só ocorre uma vez no Novo Testamento, mas Mateus 16.18 é o lugar certo. O maior medo de Satanás em relação à Igreja é que ela resista não ao pecado ou ao amor às coisas do mundo, ou a quaisquer dos seus ataques diretos, mas a seu poder de morte.

Porque o poder de Satanás se manifestava pela morte, e onde quer que ele domine é a morte em que você toca. Nem a possessão demoníaca nem o pecado são as obras mais características de Satanás, mas, sim, a morte. Por essa razão, a obra de Cristo não poderia terminar na redenção. O cerne de sua obra consistia em reduzir a nada *por meio da morte* aquele que tinha o poder da morte (v. Hebreus 2.14). Um fato grandioso. Na morte de Jesus Cristo, o poder de morte de Satanás encontrou oponente à sua altura de uma vez por todas. A de Cristo supera em definitivo todas as outras mortes. A morte de Adão não põe fim ao homem, mas a de Cristo, sim; é uma morte poderosa. Em Cristo, todos que merecem morrer já morreram, resultando em que aquele que detinha o poder da morte não exerce mais domínio sobre eles; estão mortos. Cinzas são coisa com que nunca se consegue acender fogo. Se uma casa é reduzida a cinzas uma vez, não há como usá-la para repetir a *performance*, pois, se o primeiro incêndio realizou seu trabalho, não há nada para o próximo fazer.

Portanto, a controvérsia entre vida e morte iniciada no Éden terminou no Getsêmani e no Calvário. Ali a morte foi abolida e vida e imortalidade, trazidas à luz. Não só Satanás está destruído, como para nós, pecadores redimidos, pelo fato de já termos passado por uma morte em Cristo, também a morte se foi e entramos na posse da vida incorruptível do Senhor.

Todavia, não deveríamos considerar que a controvérsia chegou ao fim. Se a expressão "portas do Hades" sugere uma força, "não poderão vencê-la" indica uma campanha incessante. Ela continua em andamento hoje. O objetivo especial de Satanás é disseminar a morte dentro da Igreja. Neste pequeno intervalo de tempo, a morte continua sendo um poder dele. Se ele consegue levar o povo de Deus à morte hoje, sente-se satisfeito; não lhe importa quanta virtude há desde que, com ela, a morte também se faça presente e ativa.

"A mentalidade da carne é morte, mas a mentalidade do Espírito é vida e paz [...]. Portanto, irmãos, estamos em dívida, não para com a carne, para vivermos sujeitos a ela. Pois, se vocês viverem de acordo com a carne, morrerão; mas, se pelo Espírito fizerem morrer os atos do corpo, viverão" (Romanos 8.6,12,13). Palavras como essas, dirigidas aos cristãos, alertam-nos para que nos conservemos na vida. Mas deixando de lado o pecado, cuja recompensa é a morte de qualquer forma, quantos de nós entendem que manter uma atitude apenas passiva em relação à vida é ser um propagador da morte? Pois, agindo assim, damos espaço à carne.

Considere um exemplo familiar. Não existem propagadores da morte como o escândalo e a crítica, *não importa quão fiéis eles sejam aos fatos*. Deus nos quer em silêncio, mas nossa língua precisa funcionar! Ele nos deseja quietos junto dele, mas sem que nossas pernas parem de andar! Ir quando ele quer que fiquemos, ou espalhar boatos quando ele nos quer silenciosos, essas coisas nascem da cobiça da carne de maneira tão genuína quanto suas manifestações mais grosseiras. Introduzir a carne — mesmo a carne "neutra" — na obra de Deus é convidar o ataque das portas do Hades, e, se falarmos quando Deus não o requer, esteja certo de que haverá morte em nossas palavras.

A vida não pode ser explicada. Quando a tocamos, sabemos que é vida. Mas como? Não pelo pensamento, ou sentimento, ou um "sexto sentido". Quem sabe, sabe. Quem não sabe, não sabe. Quem sabe, jamais consegue explicar para quem não sabe — até que saiba. Quem conhece a vida a reconhece nos outros. Quem tem a morte em si não reconhece nem vida nem morte. O homem natural discerne calor e frio, boa e má conduta, mas não vida e morte. Muitos pensam que, se não há nada visivelmente errado com a Igreja, então tudo bem. Mas ser assim incapaz de discernir o que é vida e o que é morte constitui uma deficiência fatal. Não saberemos quando estivermos sendo atacados. Deus nos conceda esse discernimento!

Por ser a expressão terrena de Cristo e tão preciosa para ele, a Igreja é o palco sobre o qual, se pudesse, Satanás encenaria um retorno para que disseminássemos a morte em cooperação com ele. Lamentavelmente, é justo o que fazem alguns dentre nós! Toda a nossa "habilidade" na obra divina de que nos gloriamos se converte em ferramenta nas mãos de Satanás. Nossa genialidade natural e nosso esplendor, sem a restrição da cruz, trazem morte para a Igreja. Mesmo nossa sã doutrina, se tomada de assalto pela mente natural — sim, e nosso "dom" espiritual também, se controlado e mal empregado pelo homem carnal —, não propaga outra coisa senão morte. Lembre-se de Sansão! Nada que não seja de Deus de verdade, da fonte da vida, consegue ministrar coisa alguma, a não ser morte. Resumindo, onde quer que os homens *me* toquem, em vez de *Cristo* tocar em mim, eles tocam em morte, não em vida.

Acerca dessa questão, fingir de nada serve. A verdade será revelada. Outras coisas podem ser simuladas, mas a vida jamais. E como estiver nosso espírito, essa é a impressão que causamos. Se a morte se fizer presente, morte é o que os homens encontrarão; se vida, então vida.

Essa propagação da vida ou da morte é um fato presente no lar, na igreja, na reunião de oração — em toda parte. É mais fácil pregar quando determinadas pessoas estão presentes e mais difícil quando outras ocupam os bancos. Por quê? Isso não tem nada a ver com as pessoas em si. Tudo depende do derramamento ou do esgotamento de vida. Como o corpo é a expressão de Cristo, só ministrando Cristo podemos contribuir com o corpo; e Cristo é vida. Quem tem vida ministra Cristo nas reuniões. Os demais — até o "Amém!" que proferem está morto! O poder espiritual das reuniões para o partir do pão e a oração depende de se os presentes só são negativos ou se trazem vida. Pois aqui, na presente era, ainda ecoa a controvérsia travada no Éden e no Calvário. A vida da ressurreição está presente? Eis a pergunta a se fazer em toda parte. Todo membro tem a responsabilidade diante de Deus de levar para dentro de casa um ministério do Cristo ressurreto.

Ministrando vida ao corpo

Repetidas vezes nos descobrimos sendo levados de volta ao fato de o corpo de Cristo ser um. Não temos como fugir dessa verdade, e Paulo a torna de novo evidente, ao dizer: "Quando um membro sofre, todos os outros sofrem com ele; quando um membro é honrado, todos os outros se alegram com ele" (1Coríntios 12.26).

É importante observar com atenção o que está escrito aqui. Se um membro sofre, não nos está sendo dito que todos os membros devem sofrer, mas que eles *de fato* sofrem com o companheiro. Tampouco está sendo dito que, se um membro for honrado, todos os outros deveriam ser, mas que eles são *de fato*, ou seja, compartilham a honra. Se a unidade do corpo não for uma realidade, então tudo isso não passa de belos sentimentos. Mas, porque a unidade do corpo constitui uma verdade divina, também é verdade que os demais membros sofrem com o primeiro. Não que apenas tentem, ou devessem, fazê-lo. Sofrem mesmo. O versículo 26 deve ser lido não como um conselho ou exortação aos cristãos sobre como agir, mas como declaração do que acontece na realidade. Sendo o corpo um por toda a eternidade, o todo sofre quando um membro sofre, sendo também enaltecido quando um membro é enaltecido.

Às vezes, os filhos de Deus se conscientizam disso como resultado de experiência. Uma amiga querida do sul da China me contou do seu senso de profundo peso espiritual na época do Levante dos *Boxers*, deflagrado em região do país diferente daquela em que ela estava, onde as notícias correspondentes ainda não haviam chegado.[11] A mesma amiga também experimentou um senso de vida e enlevo durante o Avivamento no País de Gales, no Reino Unido,

---

[11] Levante ou Guerra dos *Boxers* (1899-1900) é a denominação atribuída à manifestação contrária ao Ocidente e ao cristianismo ocorrida na China, promovida no início por revoltosos praticantes do boxe. [N. do T.]

de cujo acontecimento, não fosse isso, ela permaneceria na mais completa ignorância. Um amigo a quem visitei no Ocidente me surpreendeu quando lhe falei de uma época de provações particularmente graves em nosso trabalho na China, ao comentar: "Percebemos a reação aqui pouco antes de suas cartas nos chegarem, claro".

Mas não interessa muito se somos ou não informados desse tipo de coisa. O fato é que, quando acontece um movimento da parte do Senhor, sempre há uma reação da parte do corpo a que todos os membros estão sujeitos. Nossa consciência dessa reação depende não de informação, mas do conhecimento que temos do Senhor pelo Espírito de vida.

Se algum membro do corpo comete um pecado grave, ou é submetido a grande sofrimento, os membros espirituais com certeza sentirão a pressão. Por outro lado, se um afluxo revigorado de vida acontece para um membro, outros que têm participação crucial na vida do corpo com certeza conhecerão novo ânimo. Às vezes, você atravessa grande e árdua labuta antes de receber revelação de Deus; outras vezes, a luz irrompe sem que você a tivesse buscado. No primeiro caso, na minha opinião, você está se abrindo para um novo afluxo de vida a ser ministrada a outras pessoas; no segundo, você está colhendo o benefício dos sofrimentos alheios por meio dos quais o crescimento alcançou o corpo como um todo de maneira espontânea.

Isso, porém, tem outro lado. Se você é dos que buscam crescer para atender a objetivos pessoais, está interrompendo o fluxo de vida para si próprio proveniente do corpo; e, caso obtenha o incremento que procura, além de ele não trazer vantagem alguma, na verdade será danoso para você, bem como para o resto do corpo. O equivalente no corpo físico a essa condição é a enfermidade que chamamos de câncer. Ela resulta do crescimento excessivo de uma célula. Essa única célula se multiplica sem moderação ou controle e, ao fazê-lo, consome todos os nutrientes que lhe atravessam o caminho, em vez de retransmiti-los para o restante do corpo. Funcionando como uma unidade separada, ela invade os tecidos ao redor, impondo-lhes o próprio caráter distorcido. Mas, enquanto a ação espontânea da natureza tende a reparar outras enfermidades, isso não acontece com o câncer, pois, quanto mais o corpo derrama vida sobre a região afetada, mais o câncer a absorve, em benefício próprio. Como o fluxo de dentro para fora foi interrompido, um novo afluxo de vida, proveniente de qualquer membro do corpo, provoca o crescimento do todo. Todavia, se um membro se isola em razão do desejo de ganho pessoal, quanto mais o membro cresce, maior o perigo para toda a Igreja de Cristo.

Sendo assim, quão preciosa é a cruz de Cristo! Compete a cada membro individual provocar a onda de vida no corpo inteiro, contanto que ele deixe a cruz lidar drasticamente com a vida natural em seu interior. Pelo bem do corpo, oremos: "Senhor, destrói em mim tudo que é individual por egocentrismo e que enfraqueça o corpo e, pelo bem de seu crescimento, faze que eu toque em áreas da vida ainda intocadas!".

Já vimos em 2Coríntios 4 como a morte de Cristo operando em um só lugar ("em nosso corpo", v. 10; "em nós", v. 12) permite que o Senhor manifeste sua ressurreição em dois lugares ("em nosso corpo", v. 10, e "em vocês", v. 12). Temos aqui a vida e o ministério que dão frutos, sendo, claro, que em última análise os dois são um, a única diferença estando no lugar de manifestação. No primeiro caso, a vida é manifestada no lugar onde a morte opera; no segundo, em outro local. Quando a manifestação está em mim, dou-lhe o nome de vida; quando nos outros, chamo-a de ministério.

Onde não há cruz, não há vida nem ministério de vida. O objetivo do sofrimento é que possa haver um ministério pleno e abundante. A teoria não substitui isso. A pobreza de ministério resulta da escolha de um caminho fácil. Quem dispõe de uma vida fácil costuma ter pouco para dar. Não compreende as necessidades dos homens. Não estou querendo dizer, claro, que precisamos atrair problemas, ou maltratar nosso corpo pela austeridade. O próprio Espírito assume a responsabilidade por nossa experiência, conduzindo-nos por caminhos onde encontramos no corpo, coração ou espírito a medida do "morrer de Jesus" (2Coríntios 4.10) que significará enriquecimento para nosso ministério. A nós, cabe apenas segui-lo.

Você me pergunta como pode ser usado para ministrar vida ao corpo. Não saindo por aí fazendo um monte de coisas deliberadamente, tampouco fugindo para um lugar isolado a fim de não fazer nada, mas apenas deixando a cruz operar no curso normal da sua caminhada com o Senhor. Quem só serve por palavras e obras acha que não têm ministério nenhum se em dado momento é reduzido à inatividade ou ao silêncio. Mas a medida do seu ministério não é determinada pela medida da sua atividade. Apenas deixe o "morrer de Jesus" operar em você, e a vida *deve* se manifestar em outras pessoas. Não tem como ser de outra forma, pois esse é um princípio permanente do corpo: "[...] em nós atua a morte; mas em vocês, a vida" (2Coríntios 4.12). Portanto, você não precisa fazer nenhum esforço especial para trazer crescimento ao corpo porque isso acontecerá independentemente do que Deus o faça passar via o caminho da cruz.

Tampouco você precisa falar muito, pois não há necessidade de testemunhar de sua experiência de morte a fim de que ela se torne crucial para as demais pessoas. Contanto que você esteja disposto a morrer, elas *conhecerão* a vida. A realidade se faz conhecer; não depende da comunicação humana. Não tratamos com desprezo as profecias (v. 1Tessalonicenses 5.20), mas ainda assim confirmamos que o ministério no corpo não é só uma questão de pregar ou testemunhar. O que atravessamos em segredo com o Senhor é suficiente para ministrar vida a seus membros. Se sofremos por causa do Senhor, isso trará crescimento às pessoas sem que tornemos conhecida a história do nosso sofrimento. Falar sobre ele é não apenas supérfluo, como também uma abominação em algumas circunstâncias.

Se você perdoar um irmão, a realidade do seu gesto ministrará vida ao corpo bem distante da expressão desse perdão (embora, nesse caso, o Senhor possa solicitar que ele seja manifesto, claro). Se você ama de verdade um irmão, esse amor edificará o corpo mesmo que você nunca diga para esse irmão quanto o ama. Certa vez, sem que me avisassem com antecedência, eu me vi em cima da plataforma para tomar parte de uma grande convenção na Inglaterra. Também sem que eu soubesse, um irmão japonês seria um dos oradores. Nunca nos encontráramos — e nossos países estavam em guerra. Não sei o que o irmão sentia, e tivemos a oportunidade apenas de uma breve conversa. Só sei que, enquanto ele falou, tive bem presente em minha consciência o amor e a comunhão daquele irmão no Senhor. Um amor que transpunha as barreiras da nacionalidade sem exigir palavras para se expressar.

O corpo de Cristo é ministrado pela realidade interior, não antes de mais nada pela pregação e as obras. O Espírito Santo está preocupado com o que é real e verdadeiro e jamais dará testemunho do que é ilusório. Você transmite em palavras o que já traz de Cristo para a Igreja. Porque, como dissemos, o corpo é ministrado por uma comunicação de vida. E a vida é transmitida às demais pessoas de modo muito simples e espontâneo, à medida que a morte opera em nós. Ou seja, a pergunta não é "Quanto você está fazendo ou dizendo?", mas, sim, "Quanto você está atravessando debaixo da mão de Deus?".

Sobre qualquer base que não a unidade, o ministério é irreal. Até enxergar esse fato, você se pergunta o tempo todo como atuar. A partir do momento em que o enxerga, no entanto, sabe que, assim que recebe alguma coisa, o corpo *também* a recebe. O que é seu *é* do corpo, e não há necessidade alguma de lutar para divulgá-lo. Quer edificar a Igreja? Deixe então que ela seja edificada em você. O que você recebe da cabeça que é Cristo, o corpo dele, a Igreja, recebe de forma espontânea; o que você não recebe, ela jamais pode receber por seu intermédio. A questão do ministério se resolve quando a questão do recebimento é resolvida; e a questão do recebimento é resolvida pelo "morrer de Jesus".

Palavras que são espírito e vida

Claro que há lugar para o ministério da Palavra — e grande necessidade dele. Se quisermos, podemos classificar os dons espirituais como dons de trabalho ou ação (cura, operação de milagres) e de palavra (profecia, ensino, línguas e assim por diante). Fazendo isso, descobriremos, penso, que Paulo tende a dar maior ênfase sobre o segundo tipo. O que quer que possam ter dos outros dons, as três classes de homens — apóstolos, profetas, mestres — que encabeçam sua lista em 1Coríntios 12.28 são com certeza e antes de mais nada ministros da Palavra de Deus. Aprendemos, por exemplo, que essa, junto da oração, era a principal preocupação dos 12 apóstolos ao procurarem se desembaraçar das tarefas administrativas a fim de continuarem dedicados "ao ministério da palavra" (Atos 6.4). Paulo então conclui seus comentários sobre a lista com a exortação: "[...] busquem com dedicação os melhores dons" (1Coríntios 12.31). Mais adiante, retornando ao assunto depois de interpor um discurso sobre o amor, ele acrescenta: "[...] principalmente o dom de profecia" (14.1). Na verdade, o capítulo 14 se ocupa bastante de dons relacionados com o discurso e ignora por completo os de milagres ou ação.

Portanto, para a edificação da sua Igreja, Deus enfatiza o ministério da Palavra, colocando-o acima dos demais. A Igreja não deve confiar em milagres porque eles só podem levar a exterioridades. Israel no deserto estava em contato com as obras de Deus, mas deixava de perceber sua vida. O mesmo fizeram nos Evangelhos as multidões que testemunharam os feitos graciosos do Senhor, mas sem saber nada da vida que ele viera conceder. Até os discípulos decepcionaram nesse ponto, porque, tendo eles próprios realizado milagres, acabaram discutindo na tentativa de determinar qual deles seria o maior. Não havia ali nenhuma edificação em amor!

Mas "a semente é a palavra de Deus" (Lucas 8.11). À parte da Palavra de vida do Senhor, nada vale grande coisa. Obras miraculosas podem servir de apoio à Palavra; não podem ministrar vida por si mesmas. É pela Palavra eterna do Senhor que a Igreja tem de crescer.

Muitas aflições da Igreja hoje nascem do fato de que os cristãos se dão por satisfeitos com uma aceitação apenas objetiva da doutrina. Buscam nas Escrituras uma luz exterior, mental, mas ficam aquém de uma aplicação subjetiva da Palavra de Deus à experiência. Encontram muitas dificuldades mentais na Bíblia, e luz, para eles, é a solução dessas dificuldades. Para grande número deles, a verdade genérica tomou o lugar da verdade específica. Acham que está tudo bem se forem "conservadores" ou "ortodoxos" em sua doutrina, dando sua anuência mental aqui e sua discordância mental ali. Por esse raciocínio, os fundamentalistas se consideram em plano muito superior ao dos modernistas; todavia, correspondem às expectativas aos olhos de Deus apenas se possuírem uma verdadeira revelação interior de Cristo e nada mais que isso. Podem estar perfeitamente *certos*, mas, a menos que tenham vida, falta-lhes o supremo essencial.

Hoje a Igreja conta com a letra da Palavra, e louvamos a Deus por isso! Temos nossas Bíblias e traduções, e agradecemos ao Senhor por todas elas. Mas a letra — inclusive a letra fundamental — mata; só o Espírito vivifica (v. 2Coríntios 3.6). Se temos de levar vida às pessoas, devemos não só pregar a Palavra de acordo com o pensamento divino de séculos atrás, mas saber também como o Espírito aplica a Palavra aos homens hoje.

Pois o "profeta" do Novo Testamento é alguém que, como Elias ou João Batista, proclama o propósito atual de Deus para seu povo. Sua pregação é de suma importância porque traz à luz, por meio da Palavra, a mente de Deus para a época em que vive. Três coisas caracterizam o profeta: uma história espiritual com Deus, um fardo interno e palavras divinamente concedidas para expressar e interpretar o seu fardo, a fim de que, tendo ministrado a Palavra, volte para casa aliviado desse peso.

Para um ministério como esse hoje, o estudo das Escrituras é fundamental. Claro, qualquer pessoa dotada de razoável inteligência consegue aprender muita coisa da Bíblia em um ano; mas, se levamos Deus a sério, ele não permitirá que isso aconteça sem providenciar para garantir que o que somos seja coerente com o que dizemos. Porque o entendimento das Escrituras vem de duas formas: uma apenas pelo estudo, e a outra do conhecer e seguir o próprio Senhor. Há uma enorme diferença entre as duas. No nível do mero entendimento da doutrina, alguém graduado em teologia pode ser capaz de sistematizar para você tudo que as Escrituras contêm. No entanto, essa pessoa não estará proclamando a Palavra até que a Palavra lhe sobrevenha diretamente de Deus e ela lhe responda. Outra pessoa, sem nenhum conhecimento de teologia como ciência, pode ainda assim ministrar com base em um conhecimento profundo de Deus porque Deus lhe fala por meio da Palavra e porque, quando quer que isso aconteça, ela obedece sem questionar.

Quando um irmão se levanta e fala, você sabe de imediato se ele dá ênfase à doutrina ou à vida. Se for à primeira, ele nunca corre riscos. Mantém-se cauteloso dentro dos limites de seu sistema doutrinário a fim de preservar a própria segurança absoluta e evitar toda hipótese de mal-entendido. Apresenta suas muitas razões em ordem lógica e, por fim, por um processo de indução, chega a uma conclusão incontroversa. Mas alguém que dá ênfase à vida estará bem menos preocupado com a correção técnica ou com o tratamento exaustivo de seu tema. Fará uma abordagem bem diferente, pois ele próprio já conheceu situações pelas quais só a doutrina jamais teria conseguido conduzi-lo. Portanto, se ao menos ele puder cumprir seu único objetivo, que é apresentar Cristo para os ouvintes, não sentirá a necessidade absoluta de produzir, para esse fim, um processo lógico e à prova de erros.

Porque nem a própria Bíblia é assim. Deus nunca nos deu em sua Palavra uma exposição absolutamente sistemática de nenhuma doutrina — nunca, quero dizer, pelo que entendemos de sistema. A Bíblia não chega a suas conclusões por indução, e há nela diversas passagens que podem ser mal interpretadas. Às vezes, sinto confessar, quase ousamos sentir que, se a tivéssemos escrito, teríamos posto tudo de maneira bem mais simples! Os grandes fatos espirituais, as poderosas verdades eternas de Deus, com frequência parecem meio obscuros na Palavra, de modo que o homem natural não os consegue descobrir com facilidade. Mesmo assim, por meio do Espírito, coisas ocultas aos sábios e aos dotados de discernimento têm sido reveladas a bebês. Bendito seja Deus, esse é seu modo de agir! A salvação, a justificação pela fé, a santificação, a vida — conhecemos tais coisas apenas como temas doutrinários ou como realidades? A intenção de Deus não é que as entendamos só com a mente, mas que as experimentemos na vida.

Um vasto conhecimento da Bíblia não compensará o pequeno conhecimento do Senhor. Temos de *conhecê-lo* e à Bíblia como *sua* Palavra, expressão de sua mente atual em relação ao povo que lhe pertence. Você pergunta: posso conhecer a mente de Deus? Na verdade, pode, pois Deus não se afastou. Ele ainda fala por meio das Escrituras como sempre fez, mesmo hoje, quando a Igreja está tão tristemente derrotada. O Senhor ainda escolhe aqueles que têm uma história com ele para serem seus porta-vozes na geração em que estão inseridos. Em uma época na qual a maioria dos homens está indiferente às coisas divinas, a necessidade desesperada da Igreja é por homens que detenham esse conhecimento.

Deus busca ministério verdadeiro em seus santos. Por isso temos tanta dificuldade! Não devemos questionar se ele nos conduz ao inesperado, pois, quando o faz, podemos ter certeza de que é com algum objetivo definido em vista. Pois o ministério do conhecimento pessoal de Cristo consegue elevar todos os membros do corpo a um novo plano espiritual. Talvez o maior serviço que prestamos ao Senhor seja abrir caminho para ele fazer algo inédito conosco e assim possibilitar um novo enriquecimento de vida para o corpo de Cristo inteiro.

Não deveríamos então nos colocar cheios de alegria em suas mãos para que possamos ser achados com alguma descoberta definida de Cristo com que contribuir? "Senhor, possa eu receber de ti alguma medida de vida que o corpo nunca teve, a fim de que teu povo seja enriquecido e teu coração, satisfeito!"

CAPÍTULO 9

Reunidos em seu nome

Em capítulos anteriores, demos ênfase vigorosa à unidade da Igreja. Sempre a consideramos única e indivisa. Agora temos de nos fazer uma pergunta: essa visão da Igreja precisa ser especificada de alguma forma? Pois não é verdade que as Escrituras falam em "Igreja", mas também "das igrejas"? Onde e em que momento a "Igreja de Deus" se torna as "igrejas de Deus"?

Analisando bem o assunto, descobriremos que a base dessa divisão (se é que o termo pode ser utilizado aqui) é uma só — a localização. Se o Novo Testamento deve nos servir de guia, o único fundamento nele contemplado para a divisão é geográfico. Na Palavra de Deus, não há espaço para o ajuntamento de cristãos em grupos denominados "igrejas" levando-se em consideração, por exemplo, fatores históricos ou doutrinários, o vínculo a uma missão ou uma aliança pessoal, ou mesmo uma mensagem ou ministério especial. Nas Escrituras, os nomes atribuídos às igrejas são invariavelmente de cidades, ou seja, de centros de vida comunitária. Lemos acerca da "igreja de Deus que está em Corinto" (1Coríntios 1.2), da "igreja dos tessalonicenses" (1Tessalonicenses 1.1), das "sete igrejas da província da Ásia" (Apocalipse 1.4) (cada uma delas, lógico, nomeada de acordo com uma cidade) e assim por diante. São só essas expressões que designam a Igreja de Deus distribuída sobre a face da terra, e as Escrituras desconhecem quaisquer exceções.

Mas isso nos leva a outra questão: o mesmo termo, "igreja", é empregado com sentido local, bem como global (pois, claro, em grego não existe distinção entre as letras maiúsculas e minúsculas). Lemos sobre a "igreja, que é o seu corpo" (Efésios 1.22,23), a "igreja de Deus que está em Corinto" (1Coríntios 1.2) e a "igreja que se reúne [...] em sua casa" (Filemom 2). Com certeza, isso significa que a igreja em determinada localidade é a Igreja, aquela que é o corpo de Cristo (com toda a profunda riqueza de sentido que acompanha a expressão), encontrando expressão local no lugar e tempo em que está inserida.

Contudo, se essa última afirmação é verdadeira, dá uma ênfase completamente nova a algo de que até agora talvez não tenhamos percebido a relevância, qual seja, a importância para Deus da presente expressão local do corpo compreendendo todos os membros de Cristo em um lugar qualquer. Em Corinto ou Laodiceia, Roma ou Listra, todos os membros de Cristo assim constituídos via novo nascimento foram convocados a atuar contrariando o contexto secular como expressão do corpo único. Qualquer partição deles com base em outros princípios só lhes afetaria a vida e o testemunho de maneira adversa.

Claro, deixando de lado o caso mais restrito de irmãos e irmãs que se ajuntam para a execução de tarefas especiais da obra do Senhor, reafirmo que a Igreja acolhe todos os que creem; não existe espaço nela para alianças sectárias. Uma das críticas à igreja em Corinto era que havia surgido dentro dela grupos que começavam a reivindicar alianças pessoais. Hoje esse tipo de coisa se perpetua de várias maneiras, mas nesse caso o desafio de Paulo continua tão forte e claro hoje quanto na época: "Acaso Cristo está dividido? Foi Paulo crucificado em favor de vocês? Foram vocês batizados em nome de Paulo?" (1Coríntios 1.13).

No fim de Romanos, em passagem que trata da vida da Igreja, o apóstolo inicia a discussão com as palavras "Deus o aceitou" e termina com" da mesma forma com que Cristo os aceitou" (Romanos 14.3; 15.7). Aqui está a base simples de toda a nossa vida e comunhão com as pessoas: o fato de pertencerem ao Senhor, como nós. Isso basta. Não nos juntamos a eles porque pertencemos todos à mesma denominação, ou por devermos nosso cristianismo à mesma missão, nem por partilharmos da afeição por certo pregador ou por sua mensagem. Tampouco porque essas pessoas têm visões doutrinárias específicas que coincidem com as nossas, nem mesmo porque passaram por determinada experiência cristã semelhante à nossa. Não, unimo-nos a elas única e exclusivamente porque pertencem ao Senhor e nós também pertencemos ao mesmo Senhor. É nele que somos um.

Não desejo aqui atacar o cristianismo denominacional por julgá-lo errado. Apenas repito que, para o corpo de Cristo encontrar expressão local efetiva, a base da comunhão deve ser verdadeira. E essa base é a relação de vida dos membros com seu Senhor e a pronta submissão deles a Cristo como Cabeça. Tampouco estou rogando em favor daqueles que criarão uma nova seita de algo chamado "localismo" — ou seja, a demarcação rigorosa das igrejas por localidade. Porque uma coisa dessa poderia acontecer com facilidade. Se o que fazemos hoje na vida amanhã se tornar um simples método cujo caráter leve à exclusão de alguns dos que lhe pertencem, possa Deus ter misericórdia de nós e destruí-lo! Afinal, todos aqueles em quem o Senhor, o Espírito, tem liberdade são nossos e nós somos deles. Não, apenas rogo em favor daqueles que contemplarão o homem celestial, a quem seguirão na vida e na comunhão! Cristo é o Cabeça do corpo — não de outros "corpos" ou unidades de religião. Só o que assegura o comprometimento da cabeça conosco, seus membros, é o envolvimento com o corpo espiritual de Cristo — só isso e nada mais.

"Concluindo que Deus nos tinha chamado"

Precisamos agora examinar essa questão do comprometimento divino com a Igreja em três frentes — da orientação, da disciplina e da oração. Deus fez uma provisão tríplice para nossa orientação ao longo da trajetória cristã: temos o Espírito Santo, a Palavra de Deus e o corpo de Cristo. A Palavra de Deus me mostra a vontade de Deus para a minha vida; o Espírito Santo revela a vontade de Deus em mim; o corpo, ao colocar essa vontade sob a perspectiva mais ampla do propósito divino, mostra-me de que maneira ela deve afetar meu relacionamento como membro. (Sem dúvida, isso o fará recordar do que dissemos sobre a vontade bipartida de Deus, "A e B".) Para nosso infortúnio, por causa de nossa reação contra a tirania de Roma, que tanto tem feito pela igreja mundial política, estamos propensos a rejeitar por completo a terceira dessas dádivas divinas. Acontece que todo erro nasce de uma distorção da verdade. A verdade aqui está no fato de o corpo ser único e de a comunhão no corpo permanecer um fator essencial em minha iluminação espiritual. Tenho de conhecer a mente de Deus não só pela Palavra de Deus a mim dirigida, tampouco pelo Espírito de Deus em mim apenas, mas em conjunto com esses dois meios, também ocupando meu lugar entre o povo de Deus na casa do Senhor.

Todos concordamos que existe a oração individual e a oração como Igreja. De igual modo, existe a luz concedida ao indivíduo e também a luz concedida à igreja. Não é verdade que, mesmo a natureza do nosso problema não sendo conhecida de todos, muitas vezes recebemos luz em uma reunião da igreja que não nos foi possível descobrir em casa, a sós com a Palavra? Por que acontece isso? Com certeza, porque a igreja é a casa de Deus, local de manifestação da luz divina. Fora dela podemos ter a luz da natureza, mas no santuário não há luz alguma, natural ou artificial, exceto a *shekinah* do próprio Deus.

Esse princípio de comunhão na orientação foi um dos alicerces da vida e do ministério de Paulo. Podemos encontrá-lo em Atos 13, onde, enquanto o apóstolo espera no Senhor em companhia de várias outras pessoas, o Espírito Santo lhes diz: "[...] 'Separem-me Barnabé e Saulo para a obra a que os tenho chamado' " (Atos 13.2). Já dissemos que a unção do Espírito é dada para a orientação pessoal de cada indivíduo que crê. Em conformidade com isso, sabemos que, em pelo menos duas ocasiões anteriores, Saulo recebera um chamado pessoal de Deus para ir ter com os gentios (v. Atos 26.16-18; 22.21). Agora, no entanto, o momento e a maneira pela qual se daria esse envio são revelados a várias pessoas reunidas. Lucas diz que eles "os enviaram", mas também os descreve como tendo sido "[e]nviados pelo Espírito Santo" (Atos 13.3,4). Temos aqui a igreja e o Espírito agindo em conjunto, a iniciativa do único Espírito sendo expressa no único corpo.

De novo, no fim do capítulo 15 encontramos Paulo sendo "encomendado pelos irmãos à graça do Senhor" (v. 40), em companhia de Silas, a quem escolhera. Partiram então os dois para a Síria e a Cilícia. Conquanto nunca seja seguro argumentar com base naquilo em relação a que a Bíblia se cala, é sugestivo que a partida de Barnabé rumo a Chipre, mesmo não sendo coberta por declaração de comissionamento semelhante, parecendo se tratar de um gesto mais pastoral, afasta-o também, desse ponto em diante, dos registros das Escrituras (v. 15.36-41).

Pouco depois, em Trôade, uma visão foi dada a Paulo: "[...] 'Passe à Macedônia e ajude-nos' ". Tendo descrito isso, Lucas continua: "[...] preparamo-nos imediatamente para partir [...] concluindo que Deus nos tinha chamado para lhes pregar o evangelho" (16.9,10). O Senhor costuma conceder visões a indivíduos, mas o movimento não tem por base apenas o indivíduo. Seu fundamento está em uma busca coletiva de Deus. E também nessa passagem é o Espírito Santo que toma a iniciativa (cf. 16.6,7). Por nos movermos com o Espírito Santo, descobrimos que nos movemos com o corpo. O verdadeiro teste da visão sempre será que o Espírito da verdade lhe dá testemunho.

"Restaurem essa pessoa"

Em Mateus 18, o Senhor me revela que posso precisar ser repreendido por um irmão e que, quando esse irmão se aproximar, caso me recuse a dar atenção ao que ele diz, talvez cheguemos ao ponto em que o testemunho da igreja como um todo necessite ser invocado a fim de me levar a enxergar meu erro. (Ou, claro, a situação pode ser revertida e meu irmão figurar como o ofensor.) A ideia se apresenta de imediato: que despropósito um pecador disciplinar outro! Se nos cabe participar de alguma forma desse ministério de correção, jamais pode ser com base em nossa superioridade em relação àqueles com os quais procuramos lidar. Eles e nós pecamos igual, e nossa esperança ao abordá-los é que lhes seja revelada por Deus a mesma graça a nós demonstrada.

Imagine que, no exemplo dado, você agora é a parte ofendida, e também a pessoa escolhida para lidar com o ofensor. Como pretende fazer isso? Explodir e descarregar sua raiva em cima dele equivalerá a tratá-lo como inimigo, distante de você. Mas apenas perdoá-lo e ignorar o incidente todo não os levará a melhores resultados. Em vez disso, você está se comportando como se ele fosse um estranho, alguém inferior. Assim, sempre que o ofensor o vê, ele se lembra do mal que fez a você, e sempre que você o vê, lembra-se de como foi magnânimo ao perdoá-lo.

Nada disso. Ele é um irmão, e sua atitude deve ser do irmão que lida com outro. Você deveria tratar a questão como se a ofensa tivesse sido cometida contra outra pessoa qualquer. Lidar com a situação como se você fosse um terceiro personagem da história (como, por exemplo, o irmão que pode ser chamado a ajudar posteriormente, se necessário). O Senhor anuncia com muita clareza qual deve ser seu objetivo ao agir assim. O objetivo não é ganhar a discussão, mas ouvir: "[...] você ganhou o seu irmão" (Mateus 18.15, *Nova Almeida Atualizada*).

Precisamos entender que essa cláusula cobre o incidente inteiro, lógico. O que significa dizer que, se seu irmão não reage e você se vê obrigado a levar mais dois ou três como testemunhas ao procurá-lo outra vez, sua atitude não deve ser diferente em nada. O objetivo continua sendo não fazer uma acusação, mas procurar ganhar um irmão. No caso extremo em que a igreja inteira precise ser convidada a intervir, mesmo assim não deve haver nenhuma mudança de propósito. O alvo da disciplina continua sendo a restauração do irmão. Até alguém mais avançado espiritualmente que outro não ousa assumir a posição de "sou melhor que você", colocando-se em um nível superior para corrigir quem lhe é inferior.

"[...] vocês, que são espirituais", diz Paulo, "restaurem essa pessoa com espírito de brandura. E que cada um tenha cuidado para que não seja também tentado" (Gálatas 6.1, *Nova Almeida Atualizada*).

Isso nos leva um passo adiante, pois a passagem de Mateus 18 prossegue com as seguintes palavras substanciais sobre a autoridade dos membros reunidos: "[...] Tudo o que vocês ligarem na terra terá sido ligado no céu, e tudo o que vocês desligarem na terra terá sido desligado no céu" (v. 18). O que significa isso? Não se trata da tirania dos capatazes da igreja, nem do veredito da maioria sobre a minoria. É a igreja se levantando para purificar a própria igreja.

A disciplina de um membro nunca deveria ser mera questão de negócio; pelo contrário, deveria ser uma questão envolvendo a alma para toda a igreja. É abominável ver a disciplina de qualquer filho de Deus sendo conduzida de maneira leviana, como se fosse insignificante; contudo, não é menos abominável vê-la sendo executada como um assunto grave, se a gravidade se restringir à de um tribunal de justiça. Nenhuma disciplina deveria prescindir de sofrimento e lágrimas da parte daqueles que a exercitam; isso tampouco pode acontecer se tais pessoas reconhecerem o que é a igreja. Paulo escreveu: "[...] há imoralidade *entre vocês* [...]" (1Coríntios 5.1). Em primeiro lugar, ele não especificou a localização do pecado em um cristão individual; ele o situou na igreja. E escreveu mais: "E vocês estão orgulhosos! [...]" (1Coríntios 5.2). O pecado era do corpo inteiro, e a vergonha e a dor não deveriam ser apenas de um membro, e sim do conjunto todo.

Na disciplina da igreja, precisamos considerar a unidade do corpo de Cristo, mas não só o fato, como também a potencialidade do pecado. Tenho primeiro de localizar *em mim* o pecado que se manifesta no meu irmão, e não ouso julgá-lo nele até que o tenha julgado em mim mesmo. Pela graça de Deus, posso não ter cometido o mesmo ato, mas carrego dentro de mim o pecado que o provocou.

A disciplina é sempre uma medida corretiva e tem como alvo a recuperação do irmão que pecou. Até no caso mais extremo, tem-se em vista o fim de que "seu espírito seja salvo no dia do Senhor" (v. 1Coríntios 5.3-5). No que diz respeito aos filhos de Deus, há misericórdia em todos os juízos do Senhor; e quando julgamos qualquer um dos seus filhos em nome dele, quer o façamos como a igreja inteira quer como membros individuais, deveríamos estar cheios de misericórdia. Apesar de nossa atitude exterior ser um ato de disciplina, nossa atitude interior deveria ser de amor.

Depois da ressurreição, nosso Senhor disse a seus discípulos: "[...] 'Recebam o Espírito Santo' ". E de imediato acrescentou: "Se perdoarem os pecados de alguém, estarão perdoados; se não os perdoarem, não estarão perdoados" (João 20.22,23). Roma fez uma falsa apropriação disso e, reagindo contra ela, nós a repudiamos. Agindo assim, no entanto, como nós, protestantes, perdemos! E como Deus está perdendo! Pois o que pertence à igreja de Deus não pode ser lançado fora com leviandade. Apesar de "a igreja" não passar de um punhado de cristãos simples de um povoado qualquer reunidos em uma casa, se porventura virem a si mesmos em Cristo como expressão do seu corpo e, confessando diante dele a própria fraqueza, reclamarem sua sabedoria e poder, o Senhor os apoiará. "Pois onde se reunirem dois ou três em meu nome, ali eu estou no meio deles" (Mateus 18.20).

As limitações divinas

Vimos a orientação e a disciplina na igreja; voltemo-nos agora para a oração também na igreja. Como dissemos, são dois os tipos fundamentais de oração. O primeiro é a oração individual e devocional. Encontramos repetidas alusões a ela no evangelho de João, em promessas como: "E eu farei o que vocês pedirem em meu nome, para que o Pai seja glorificado no Filho" (João 14.13; cp. com o v. 14 e com 15.7; 16.23,24). Não há condicionantes aqui. Temos uma promessa para cada membro de Cristo que faz da oração algo excelente. Se, à luz dessas declarações, Deus não ouvir as nossas orações individuais e não responder a elas, podemos ter a impressão de que com certeza há algo errado com elas.

Mas o segundo tipo de oração inclui o primeiro e vai além. Refiro-me ao tipo descrito na passagem de Mateus 18: "Também digo que, se dois de vocês concordarem na terra em qualquer assunto sobre o qual pedirem, isso será feito a vocês por meu Pai que está nos céus" (v. 19). Eis a tarefa da Igreja, o ministério de oração a ela conferido por Deus. A promessa aqui é condicional; tem de haver no mínimo dois, e em concordância.

Por que esse tipo de oração é respondido? O versículo seguinte explica: "Porque, onde estiverem dois ou três reunidos em meu nome, ali estou no meio deles" (v. 20, *Nova Almeida Atualizada*). Eles precisam "estar reunidos" (voz passiva); não se encontram por acaso apenas. Percebemos a diferença, pois estar reunido não é simplesmente algo que acontece por nossa iniciativa; depende do mover do Espírito, como foi o caso dos que se reuniram em Hebrom para aclamar Davi rei. E eles o fizeram não para cuidar dos próprios negócios, mas tendo uma única preocupação comum. É isso que os une "em" seu nome. Quando isso acontece, concretiza-se o "estou no meio deles" liderando, revelando, iluminando. Louvado seja Deus, trata-se não de uma promessa, mas da declaração de um fato! Sabemos quando ele está presente, e essa presença explica por que dois na terra têm tanto poder.

Deus aguarda as orações dos seus filhos para trazer o Reino. Porque, se a presente época é importante, a seguinte é infinitamente mais. Todos os privilégios e poder de que usufruímos hoje são apenas uma amostra dos poderes da era que está por vir. A plenitude divina hoje oculta então se manifestará. À luz desse fato, percebemos a importância do que chamamos de "a Oração do Senhor". Durante milhares de anos, Deus mandou seu povo orar. Ao longo dos séculos, todavia, não lhes deu nenhuma instrução quanto a sobre o que deveriam orar, exceto por essa única oração.

"Venha o teu Reino [...]." (Mateus 6.10) Devemos pedir isso. Se seu Reino pudesse vir por si só, não nos teria sido dado esse mandamento. Mas o povo de Deus deve orar, pois a obra do Senhor é sempre feita em resposta ao clamor desse povo. A Oração do Senhor não é só um modelo para mim; ela revela o coração de Deus. "A oração verdadeira começa no coração de Deus, é levada ao conhecimento do coração dos homens e devolvida para Deus sob forma de oração; então Deus responde a ela." Temos aqui mais que uma definição; creio que seja o princípio da atuação divina no Universo.

"[...] seja feita a tua vontade [...]" (v. 10). Sim, mas onde? "Na terra", pois é o único lugar onde hoje a vontade de Deus *não* é feita. Mas, sendo assim, como pode o Reino de Deus ser trazido aqui para baixo? Pela vontade criada, em união com a Vontade não criada, buscando a remoção da vontade rebelde do Diabo. Porque a oração sempre tem três lados. Envolve alguém a quem se ora, alguém por quem se ora e alguém contra quem se ora. Na terra, há alguém contra quem orar — uma vontade oposta à de Deus. Contra essa vontade rebelde, Deus não agirá sozinho. Ele espera nossas orações.

Muitas passagens nos Evangelhos confirmam que Deus tem se sujeitado a certas limitações. Descobrimos Jesus impedido de entrar em uma cidade galileia, ou de passar por uma aldeia samaritana. Ou de novo impotente para fazer qualquer obra grandiosa em Nazaré (v. Marcos 1.45; Lucas 9.53; Marcos 6.5). "[...] como estou angustiado [...]!" (Lucas 12.50), ele clamaria. "[...] Quantas vezes eu quis reunir os seus filhos [...] mas vocês não quiseram" (Mateus 23.37). "[...] vocês não querem vir a mim para terem vida" (João 5.40). Desse modo o grão de trigo não tem outro caminho a seguir senão "cair na terra e [...] morrer" (João 12.24). Ainda hoje, a Palavra de Deus precisa ser semeada "no meio dos espinhos" (Mateus 13.22). A mesma coisa continua acontecendo no decorrer da história do Novo Testamento, como também pode ser encontrada, lógico, por toda parte do Antigo Testamento. A água do livramento divino depende da disponibilização de canais humanos (v. 2Reis 3.16). O óleo do Espírito flui até acabarem as vasilhas (v. 2Reis 4.6). "Vejam! O braço do SENHOR não está tão encolhido que não possa salvar, e o seu ouvido tão surdo que não possa ouvir. Mas as suas maldades [...]" (Isaías 59.1,2).

Como foi acontecer de a Onipotência estar sujeita a limites impostos pelo homem? Continuará sendo assim ao longo da eternidade? Pois não há dúvida de que Deus é *El Shaddai*, "Deus todo-poderoso"; a eternidade passada e a futura não contêm nada capaz de limitá-lo, nada que o detenha ou atrase.

Todavia, Deus é dono da própria vontade. Busca a comunhão de um povo que compartilhará de sua vida e manifestará seu Filho. Com esse intuito, criou céus e terra — e o homem. Foi então que começaram os problemas. Fiel a seu propósito, Deus concebeu o homem como um ser dotado de livre-arbítrio e determinou-se a não cumprir esse propósito sem a colaboração voluntária da vontade do homem. Temos aqui um princípio solene, nada mais, nada menos. Significa que, conquanto Deus fosse absoluto de eternidade em eternidade, no tempo a que estamos circunscritos Deus escolheu, em vez de coagir suas criaturas, limitar a própria onipotência à livre escolha delas. Ao homem foi concedido poder para obstruir ou abrir caminho para o poder de Deus.

Preparado para se submeter a essa limitação, Deus conhecia o triunfo do amor divino que se manifestaria como resultado na eternidade futura. Ele trabalha para atingir essa meta. Sua glória é que o livre-arbítrio humano, no porvir, será um com a vontade de Deus. A onipotência será então moralmente até maior que na eternidade passada, visto que haverá uma limitação *possível*. Ainda *capaz* de desobedecer, o homem jamais escolherá fazê-lo. A vontade criada e separada do homem será ajustada por inteiro a Deus, e isso é glória.

Sabemos do risco que Deus se dispôs a correr para atingir esse fim e que, quando a primeira opção do homem o levou na direção errada, o Pai enviou o Filho amado para redimir os perdidos. Ali estava alguém cuja vontade mostrava absoluta identificação com a de Deus. Por sua morte e ressurreição e pelo poder do Espírito, louvado seja Deus, foi formado corpo para cujos membros não haverá menor comprometimento com a Vontade não criada. Neles as limitações divinas serão eliminadas para sempre. A Igreja deve assegurar, em nome do Senhor, a liberação do poder divino no mundo, exercendo-o em situações perversas no reino do espírito, a fim de que sejam subvertidas. A Igreja — falo em atitude reverente — deve restaurar para Deus a onipotência que lhe pertence.

A oração é o exercício presente da minha vontade a favor de Deus, a declaração de que sua vontade será feita. Pois essa é a verdadeira oração: o que Deus torna conhecido, nós expressamos. O homem deseja algo que Deus já desejou e lhe dá voz. Não nos perguntamos "Minha oração está *de acordo com* a vontade de Deus?". Mas sim: "Ela *é* a vontade de Deus?". O ponto de partida é a vontade de Deus; nós a proferimos, e Deus a realiza. E, se não a proferirmos, ela deixará de ser feita. Portanto, nossas orações assentam os trilhos sobre os quais o poder de Deus pode vir. Como uma locomotiva poderosa, seu poder é irresistível, mas não tem como nos alcançar sem as vias férreas. Quando os homens param de orar, Deus para de operar, porque, sem a oração, ele nada fará. São os homens em oração que direcionam o poder dos céus ao local da necessidade.

Releia Mateus 18.18-20 e veja o alcance tremendo da responsabilidade da Igreja no que diz respeito à oração. A medida da Igreja é a medida de Deus na terra hoje. Como ele um dia foi revelado por intermédio do próprio Jesus em Jerusalém e na Galileia, hoje isso acontece por meio da sua Igreja onde quer que ela se encontre mundo afora. Deus não pode ir além do alcance da Igreja, pois só ela representa o futuro. Ela representa Deus na terra. O que a Igreja desliga e liga, o céu desliga e liga. O poder de Deus na terra hoje é tão grande quanto as orações da Igreja, não maior. Tudo que Deus faz em relação a seu propósito eterno, ele o faz por meio da igreja, e, quando ela fica para trás no trabalho que executa, na mesma proporção ele se vê limitado.

A Igreja não é capaz de aumentar o poder de Deus, mas consegue limitá-lo. Não é capaz de obrigá-lo a fazer o que não quer, mas consegue impedir o que ele de fato quer. Tem muita coisa que Deus ligaria e desligaria no céu — coisas que atrapalham a serem ligadas, coisas de valor espiritual a serem desligadas —, mas o movimento na terra deve preceder o do céu, e Deus sempre aguarda que sua Igreja se mova.

"[...] Tudo o que [...] e tudo o que [...]" (Mateus 18.18): palavras preciosas. O céu aqui é mensurado pela terra, pois há sempre mais poder no céu do que a medida do nosso pedido; há sempre mais a ser desligado ou ligado no céu do que pedimos aqui embaixo. Por que desejamos a libertação do pecado? Por que clamamos a Deus por revestimento? Orar "Seja feita a sua vontade em mim" é um bom começo, mas temos de prosseguir até "Seja feita a sua vontade *na terra*". Os filhos de Deus vivem hoje preocupados em demasia com coisas pequenas demais, ao passo que suas orações têm o propósito de liberar atos de poder dos céus. A oração em meu próprio benefício ou por minhas preocupações imediatas deve levar à oração em favor do Reino. Aqui está a resposta para a pergunta "Qual o ministério da Igreja?". Ela deve servir de válvula de escape do céu, o canal de escoamento do poder do céu, o meio de concretização do propósito divino. Muitas coisas têm se acumulado no céu porque Deus ainda não encontrou sua válvula de escape na terra; a Igreja ainda não orou.

Como Deus trabalha com isso? De que maneira ele conduzirá a Igreja para que fique do seu lado? Só cada um de nós se lembrando, nas condições solenes do dia de hoje, de que esse ministério de servir de válvula de escape divina é nosso maior trabalho possível. Deus mostra o que deseja; nós nos posicionamos e pedimos; e Deus age lá do céu. Essa é a verdadeira oração, cuja plena expressão precisamos ver em nossas reuniões de oração. Se a igreja aqui em Xangai, para não citar outros lugares, não conhecer esse ministério de oração, Deus nos perdoe! Sem ele, tudo mais é vazio; Deus não conta com vaso algum aqui. " 'Nem todo aquele que me diz: "Senhor, Senhor", entrará no Reino dos céus, mas apenas aquele que faz a vontade de meu Pai que está nos céus' " (Mateus 7.21). Tendo o Reino em vista, tudo o que temos e somos deve se ajustar à vontade divina. O Senhor necessita disso. Ele necessita ter uns poucos homens e mulheres espalhados pelas nações que se mantenham firmes em oração e, causando a discórdia em meio às forças inimigas, provoquem a chegada da próxima era. Isso é vencer. Sejam os membros muitos ou poucos, possa Deus manter nosso vigor para trabalharmos para ele em profunda, vigorosa e preponderante oração.

Levando os bens do homem forte

"Vocês perseguirão os seus inimigos, e estes cairão à espada diante de vocês. Cinco de vocês perseguirão cem, cem de vocês perseguirão dez mil, e os seus inimigos cairão à espada diante de vocês" (Levítico 26.7,8). Essa era a promessa de Deus para Israel como povo; quando de fato aconteceu, no entanto, a contagem parece ter sido ainda mais impressionante, pois está escrito que um perseguiu mil, e dois puseram em fuga dez mil (v. Deuteronômio 32.30). Sem dúvida, temos aqui um retrato da oração, individual ou coletiva, a sós ou em dupla. Pois onde dois concordarem na terra, o céu liga dez mil inimigos. Quantas vezes o povo de Deus, em um momento de crise, interpretou as palavras de Jesus ao pé da letra e comprovou que estavam certas! Na noite em que Pedro foi atirado dentro de uma prisão, a igreja em toda a Jerusalém dobrou os joelhos e orou com fervor, e a autoridade de Herodes de repente era como nada diante da resposta do céu a essa oração. Outro Reino lhe invadira o território, de modo que até a grande porta da prisão cedeu e abriu sozinha.

Outro Reino invadira o território de Herodes. Elaborando em cima dessa afirmação, deixe-me apresentar uma ilustração com base na história moderna. Como sabem os ocidentais em sua maioria, um século atrás as grandes potências estrangeiras que comercializavam com a China lançaram mão das forças armadas de que dispunham para impor sobre o povo chinês um princípio contra o qual desde então acalentamos profundo ressentimento. Refiro-me à questão comumente denominada de "extraterritorialidade". Segundo esse princípio, áreas do território chinês foram cedidas a nações estrangeiras cujos cidadãos ficaram imunes à ação legal promovida pelas autoridades chinesas, no caso de alguma violação das leis da China. Eles só poderiam ser julgados por um cônsul ou outro oficial do próprio país, mesmo assim em conformidade com as leis da nação estrangeira a que pertenciam. Foi uma maneira arbitrária de fazer negócios, e hoje todos reconhecem a injustiça de tal imposição. No entanto, sem medo de ser mal interpretado, talvez possamos usar o citado princípio para ilustrar algo bem diferente e de modo algum injusto, qual seja, a presente invasão da terra impetrada pelo governo gracioso do céu.

Como a ilustração se aplica a nós? De dois modos. Primeiro, quanto a nós, Deus "nos constituiu reino" (Apocalipse 1.6). No que diz respeito ao mundo, somos cidadãos de uma potência "estrangeira". Libertos do reino das trevas, não estamos mais sujeitos ao príncipe deste mundo, debaixo de cuja influência o mundo jaz. Em vez disso, devemos lealdade a outro Rei e estamos sujeitos a outra lei. Quanto à cidadania, temos "direitos extraterritoriais".

Mas, segundo, no que diz respeito a este mundo em si, também temos reivindicações a fazer. Pois o homem foi criado para ter domínio sobre ele e, se o perdeu, o Filho do homem o recuperou. Hoje os príncipes do mundo espiritual usurparam esse domínio, sendo vocação da Igreja recuperá-lo. Embora chamado de "príncipe", Satanás na verdade é um usurpador — um invasor ilegal da herança divina.

Imagine que um homem de alguma forma invada sua casa e a ocupe sem que você lhe tenha concedido autorização. O que você faz? Procura o juiz e, apelando para as leis locais, obtém uma sentença contra ele. Munido da ordem judicial, volta então para sua casa e expulsa o invasor. Ele pode ter a sorte de não ir parar na cadeia! A situação neste mundo não é diferente. O "estatuto" divino já proferiu sentença contra o ocupante ilegal deste mundo. Ele tem de ir embora! Que importa se aos olhos de Satanás a lei do Reino dos céus é "estrangeira"? O Calvário estabeleceu a superioridade desse Reino. Na cruz, Cristo destituiu toda condição legal de Satanás. Agora é tarefa da Igreja cuidar para que outra lei seja implementada. Clamando a Deus como a viúva da parábola — "[...] 'Faze-me justiça contra o meu adversário' " (Lucas 18.3) — ela precisa obter o mandado de despejo e expulsão de Satanás. Deus aguarda esse clamor. Em determinada situação e segundo a Palavra do Senhor, toca-nos pôr os pés em um pedaço de território espiritual ocupado pelos poderes demoníacos e reivindicá-lo para Deus.

Que tipo de homem é necessário para realizar essa tarefa? Repito: gente simples que crê apenas. Podem ser duas ou três pessoas reunidas, mas com o Senhor no meio. Porque não temos nós mesmos de ligar o homem — isso já foi feito —, mas só lembrá-lo de que na realidade ele não tem como fugir de suas amarras! Permita-me ilustrar contando uma história para você.

Havia duas irmãs em certa cidade da China. Eram analfabetas e, humanamente falando, pouco "brilhantes", mas conheciam o Senhor já fazia algum tempo. Um dia foram confrontadas por uma mulher possuída por demônio, violenta, perigosa e em grande aflição. Tendo buscado o Senhor juntas, aproximaram-se da mulher e em nome de Jesus ordenaram que o demônio a deixasse. Para tristeza delas, nada aconteceu. Sentiram-se propensas a ir embora e buscar ajuda e conselho de alguém mais experiente. Todavia, ainda hesitantes, voltaram o coração para o Senhor e lhe perguntaram o que deviam fazer. Nesse momento, uma ideia repentina lhes ocorreu. Voltando e mais uma vez se dirigindo ao espírito maligno, falaram de Jesus para ele. No mesmo instante, por meio da mulher, mas no tom de voz que o caracteriza, o espírito respondeu:

— Ah, sim, conheço Jesus! Adorei-o minha vida inteira!
— E com isso a mulher possuída se levantou, atravessou o cômodo e apontou para o oratório de um ídolo no quintal.

Então as irmãs compreenderam! O demônio estava sendo impertinente com elas. Agora sabiam o que fazer e recomeçaram o processo de expulsão.

— Lembra-se do que aconteceu dois mil anos atrás? — perguntaram. — Jesus de Nazaré expulsou muitos demônios colegas de vocês que, no fim, voltaram-se contra ele e o assassinaram. Não obstante, ele ressuscitou, despojando principados e potestades, sendo hoje exaltado muito acima de todo domínio e autoridade. E uma proclamação foi feita: *em nome dele* todo joelho no céu e na terra e debaixo da terra se dobrará! Lembra-se? Agora, *em nome dele* ordenamos que saia!

E o demônio obedeceu.

Mais tarde, quando lhes perguntei de onde tiraram essa iluminação, não souberam explicar. Só conseguiram dizer que o próprio Senhor viera em auxílio delas e expusera a sutileza do inimigo. Ora, o incidente sem dúvida elucida nossa questão: que tipo de gente é necessário para essa tarefa? A resposta é que gente de *nenhum* tipo consegue fazer frente a Satanás. Os demônios só reconhecem *Cristo*! "Mas, se é pelo Espírito de Deus que eu expulso demônios, então chegou a vocês o Reino de Deus" (Mateus 12.28). O inimigo é sutil e perigoso demais para nós; todavia, o corpo de Cristo não só nos sustenta, como nos cobre. Todos podemos nos revestir de Cristo como uma armadura. Contra ele, as setas de Satanás não prestam para nada!

A vitória é da Igreja. A guerra espiritual compete a ela, não ao indivíduo. Tomamos Efésios 6 para nós individualmente — e não digo que não haja nenhuma aplicação da armadura para cada pessoa isolada —, mas o indivíduo em si não pode vestir "toda a armadura de Deus" (Efésios 6.11) mais do que consegue entender por si só a medida do amor de Cristo. À luz do restante de Efésios, estou seguro de que a armadura de que trata o capítulo 6 é destinada ao *corpo* — com uma peça especial para cada membro. Procurar travar essa guerra sozinho é abrir as portas para ter problemas com um inimigo que não teme nem um pouco o indivíduo, mas que tem pavor do corpo único. Sem a proteção da armadura inteira, ele consegue nos enxergar e enfrentar um a um. Sob a sombra da armadura, não é capaz de nos tocar.

Isso explica por que, confrontados com uma questão espiritual real na área da guerra celestial, sempre nos descobrimos sendo levados a atravessá-la em oração em conjunto, mesmo que seja na companhia de apenas outro membro. O Senhor não pode usar heróis, mas, louvado seja Deus, pode fazer excelente uso de membros frágeis do corpo!

A plenitude de Cristo

No encerramento dos capítulos sobre a Igreja, quero que façamos uma pausa para nos proporm os uma questão. Alguns de nós servem ao Senhor em campos missionários, e outros servem em casa. Louvamos a Deus por seu chamado para onde quer que seja. Mas agora nos perguntemos: nosso ministério está voltado estritamente ao evangelismo como algo suficiente em si mesmo, ou está atrelado a alguma coisa bem maior? Tendo vislumbrado o pensamento completo de Deus conforme revelado em especial por intermédio de Paulo, é possível nos contentarmos apenas em ganhar almas para o Senhor sem termos profunda preocupação também com o propósito maior em que essas almas estão sendo introduzidas?

Caros irmãos e irmãs, esse é um grande desafio. Sei que muitos consideram ser evangélico e ganhar almas tudo que Deus requer de nós nestes últimos dias. Mas será isso mesmo? Bendizemos a Deus pelo ministério principal de Pedro, sem o qual a casa do Senhor não contará com nenhuma "pedra viva" (v. 1Pedro 2.5). Ansiamos por ver pessoas salvas da morte e conquistadas para a glória de Deus. Mais ainda, ele não só designa alguns membros da sua Igreja como "evangelistas" (Efésios 4.11) a fim de se desincumbirem dessa tarefa, como com certeza também orienta cada um de nós: "[...] faça a obra de um evangelista [...]" (2Timóteo 4.5).

Mas paramos por aqui? Quando vemos 3 ou 4 mil convertidos, todos salvos e prosseguindo na fé razoavelmente bem, sentimos que uma tarefa foi realizada? Não deveríamos considerá-la uma tarefa apenas iniciada, isso sim? Não precisaríamos nos perguntar quantos desses 3 ou 4 mil já tiveram um vislumbre do homem celestial para junto de quem Deus os levou? Continuam sendo apenas unidades, peixes em uma rede, números em uma lista de "resultados da campanha", ou a visão suprema os domina? Com certeza, isso não ocorrerá, a menos que primeiro essa visão nos domine. Por isso pergunto de novo: sentimos o peso, como acontecia aos apóstolos, de vê-los crescidos em todas as coisas naquele que é a Cabeça, Cristo?

Tenho plena consciência de que a pergunta traz consigo implicações longe de serem fáceis. Enfrentá-las pode levar alguns de nós a entrar em choque com ideias e tradições das quais esses pensamentos tão elevados há muito têm sido deixados de fora. Grande parte do nosso trabalho talvez precise ser reavaliada. Muitas "cabeças" podem ter de ser arrancadas, muitas mentes, reajustadas, e muitas autoridades humanas — incluindo a nossa —, obrigadas a dar espaço ao senhorio de Cristo.

Confesso que, não obstante isso, gostaria de rogar a você — sim, se o conseguisse convencer — a seguir em frente a qualquer custo de modo que penetre na plenitude do pensamento de Deus. Mas convencimento e súplica são inúteis se não enxergarmos o que Deus tem em mente — e com isso não me refiro à razoabilidade da questão. Se só lhe enxergarmos a razoabilidade, teremos sempre de nos lembrar de como foi que chegamos a essa conclusão, ou muito em breve retornaremos cambaleantes à condição anterior. Contudo, se um dia contemplamos o novo homem de Deus em Cristo, uma realidade celestial se abriu para nós e as coisas nunca mais serão as mesmas de outrora. Muitas vezes, a razão diria: "Isso pode ser muito bom em algumas partes do mundo, mas na situação em que me encontro as coisas são difíceis, ou melhor, impossíveis. Não vislumbro esperança de concretizar o que vejo na Palavra, portanto deixe que me contente com coisas mais simples". Mas, oh, meus amigos, embora possamos nunca subestimar o ministério bendito da rede que recolhe os homens, busquemos graça para seguir os passos de Paulo até a visão do corpo, o tabernáculo terreno onde Deus habitaria entre os que lhe pertencem e manifestaria hoje sua plenitude.

Pois a Igreja, nos diz o apóstolo, "é o seu corpo, a plenitude daquele que enche todas as coisas, em toda e qualquer circunstância" (Efésios 1.23). Ela é o vaso destinado a conter e expressar a sabedoria, a vida e o poder de Deus. Essa plenitude não pode ser conhecida individualmente. O apóstolo é enfático em relação a isso. Estando juntos, tornamo-nos morada de Deus por seu Espírito. Por intermédio da Igreja, a sabedoria de Deus é conhecida dos poderes espirituais, manifestada aos poderes espirituais. Recebemos o pleno conhecimento do amor divino com todos os santos. Como corpo de Cristo, chegamos à maturidade. Vestindo toda a armadura, resistimos no dia mau (v. Efésios 1.23; 2.22; 3.10,18,19; 4.13; 6.11). Cada analogia que ele emprega em Efésios reforça seu argumento de que a Igreja, não o indivíduo, é o vaso da plenitude.

Porque os filhos de Deus não atuam juntos hoje como corpo, tornam-se um vaso furado. Quebre um copo de vidro, e o que acontece? Cada pedaço talvez retenha um pouco de água, mas nada comparado ao que o copo inteiro continha. Assim acontece com as coisas espirituais. O indivíduo recebe em duas dimensões apenas, por assim dizer; a Igreja, em três. Dez mil cristãos são uma coisa; dez mil membros do corpo, outra coisa bastante diferente.

Uma revelação só é perfeita quando dirigida a toda a Igreja. Hoje a Cabeça tem muito mais para dar, mas o corpo é um vaso furado, incapaz de contê-lo. É bem verdade que os indivíduos conseguem fazer algum progresso em muitos pontos da fé — mas só na condição de indivíduos; como tais, não avançam um milímetro no sentido da plenitude de Cristo. É preciso que haja um retorno ao vaso único. Não para crer na mesma doutrina, não para utilizar os mesmos métodos, nem mesmo para ter comunhão com todos: nada disso basta. Precisamos nos enxergar no mesmo corpo, um em Cristo Jesus. Peçamos ao Senhor que ilumine nosso coração.

CAPÍTULO 10

João — e a Verdade

Perto do fim da vida, Paulo escreveu uma carta para Timóteo, seu jovem companheiro de trabalho. Pode nos parecer uma tragédia, mas o fardo desses últimos escritos preservados do apóstolo é o triste fato da decadência e do desvio espiritual. Contudo, só porque esse desvio espiritual surgiu antes da morte dos apóstolos é que encontramos entre as páginas do Novo Testamento orientação para os santos sob as mesmas circunstâncias hoje.

Em uma época na qual muitos estão perdendo a fé e a esperança e rebaixando seus padrões cristãos, é fácil ficar confuso. Sentimo-nos tentados a dizer que, se a fé dos filhos de Deus pode mudar tanto, há alguma coisa que não mude? Claro, o Senhor nunca muda; todavia, embora possamos tomá-lo como nosso exemplo e louvá-lo, ainda assim olhamos à nossa volta e ficamos perturbados. Por isso o Espírito, por intermédio de Paulo, nos mostra mais uma coisa imutável. "Entretanto, o firme fundamento de Deus permanece inabalável e selado com esta inscrição: 'O Senhor conhece quem lhe pertence' e 'afaste-se da iniquidade todo aquele que confessa o nome do Senhor' " (2Timóteo 2.19).

Os homens se deixam levar. Fígelo e Hermógenes, Himeneu e Fileto, sim, toda a Ásia também, podem se provar infiéis ao Senhor. E quando, um a um, desaparecem todos, começamos a olhar à nossa volta e nos perguntar com quem, se é que há alguém, se pode contar. Mas o Senhor conhece os que lhe pertencem: esse é o primeiro selo inscrito sobre esse firme fundamento. Podemos nos enganar; Deus, jamais. Necessitamos confessar diante dele que podemos errar em nossa avaliação, mas que ele enxerga todos os corações. Supervalorizamos os homens porque Deus, em sua misericórdia, os usa; o fato é que também ele nos tem usado, embora saiba muito bem quanto necessitamos de sua misericórdia! Tenhamos o cuidado de não nos imaginar conhecedores da natureza humana. Só Deus detém tal conhecimento. Os homens podem decepcionar, mas todos nós, em algum momento, não desapontamos o Senhor?

Portanto, existe um segundo elemento nesse selo ou inscrição, uma ordem imposta a todos que "de coração puro, invocam o Senhor" (2Timóteo 2.22). Aqueles que confessam o nome do Senhor *se afastam da iniquidade* (cf. v. 19). O alicerce inabalável de Deus nos diz isso. Quando vemos o colapso espiritual à nossa volta, devemos olhar para nós mesmos. Pois os que são do Senhor são homens santificados. Os versículos imediatamente seguintes detalham isso melhor. Falam de uma grande casa e sua mobília, de vasos de ouro e prata, madeira e barro, apropriados para diversas tarefas. Os homens são comparados a esses vasos, mas encorajados a se qualificarem para ocuparem lugares de honra.

O que é essa "grande casa" com seus vasos destinados a honra ou desonra, e qual a implicação das qualidades morais por trás dessas palavras? Em 1Timóteo, a Igreja de Deus *é* a casa de Deus (cf. 3.15), mas aqui acredito que Paulo tenha em vista outra coisa: a profissão exterior do cristianismo. A "igreja do Deus vivo" jamais poderia ser uma ruína; jamais poderia se degenerar nessa "grande casa" com tantos elementos misturados. No entanto, o testemunho exterior da Igreja pode, ai de mim!, estar em ruínas em qualquer momento particular.

O que distingue esses vasos? Observamos de pronto que só o material de que são feitos é específico, não sua função. Evidentemente, em conformidade com a construção da casa, o que já examinamos, de novo aqui o que conta não é a utilidade relativa, mas a qualidade dos materiais. Vasos de ouro e prata são menos práticos de usar do que mobília de madeira ou potes de barro, mas Deus não está discutindo conosco para o que eles serão usados; ele está julgando a durabilidade dos valores que eles têm para si. Em um dia de decadência, Deus vê, além da mera utilidade, o valor intrínseco. Alguns gramas de ouro podem se igualar em valor a um salão inteiro cheio de bancos de madeira! Em termos espirituais, dois homens diferentes podem proferir palavras quase idênticas, mas o poder está não apenas no que dizem; está no que são. Balaão e Isaías falaram do Reino, mas sabemos bem a qual dos dois recorreríamos em um momento de necessidade pessoal.

O que prezamos em um dia no qual os valores estão decaindo: a madeira e o barro da inteligência e dos recursos mundanos, ou o ouro e a prata da origem e redenção divinas por meio da cruz? Muita coisa do cristianismo se tornou barata hoje, mas não existe atalho fácil para o valor espiritual.

Pregar, orar, testemunhar podem não parecer difíceis, mas para que sejam valiosos custarão muito em anos e sangue e na disciplina do tratamento divino. "Vaso para honra" é o homem que espera o Espírito ensiná-lo e que, enquanto isso, não se envergonha de admitir que não sabe. Porque chegará o dia em que o verdadeiro caráter das coisas será posto à prova. Pregar, em tempo de desvio e confusão, pouco valor tem, a menos que os homens enxerguem Deus na pregação. Em um momento como esse, eles são capazes de dizer se o orador fala mesmo por inspiração de Deus sobre as coisas de que trata. O que ainda não o tocou profundamente pouco poder terá de tocar outras pessoas aquele dia.

Embora a ideia de um "vaso" dê a entender a criação de algo para algum fim, 2Timóteo sugere circunstâncias em que faríamos bem se deixássemos nas mãos de Deus o destino dos vasos e nos preocupássemos acima de tudo com a qualidade deles. "Se alguém se purificar dessas coisas, será vaso para honra [...]" (2Timóteo 2.21).

Seu servo João
Isso enfim nos traz ao discípulo amado. Em termos cronológicos e de modo geral, seus escritos se inserem depois dos de Paulo. Por isso, a contribuição mais marcante de João para a revelação neotestamentária é, como dissemos, a ênfase na recuperação. Em uma época na qual a Igreja se afeiçoara a coisas exteriores em detrimento da vida interior, João entrou em cena para lembrar os homens das verdadeiras qualidades divinas. Esse fato, como sugerimos anteriormente, é ilustrado desde o início pelo relato de Jesus ao descobri-lo e a seu irmão Tiago "preparando as suas redes"

(Marcos 1.19) — ou seja, consertando o estrago provocado pelo trabalho da noite anterior.

Claro, João não era menos "pescador", no pleno sentido da palavra, que Pedro. Da mesma forma, seria possível concluir que, em sua área de atuação, ele não era menos "construtor" que Paulo. Nós o encontramos no começo do livro de Atos compartilhando a plenitude da pregação e da comunhão dos primeiros tempos. Como Paulo, ele também é capaz de escrever com autoridade "à igreja" (v. 3João 9). No contexto do Novo Testamento como um todo, no entanto, a característica dos escritos de João que mais sobressai com certeza é o ministério particular de fazer lembrar das coisas como elas eram em seu estado original e como Deus pretendera.

Todos sabemos que o evangelho de João é o último dos quatro. Suas epístolas também são as últimas; e seu Apocalipse foi colocado no fim do livro inteiro de Deus. Em certo sentido, os seus escritos são sempre "os últimos". No evangelho de João, você vê um reflexo desse fato por toda parte. João fala bem pouco da obra do Senhor como apresentada, por exemplo, em Marcos. Tampouco se preocupa com os mandamentos do Senhor como tratados por Mateus no Sermão do Monte. Não o incomoda tanto o que você deveria fazer caso alguém levasse embora seu casaco, ou se, pressionado por um vizinho, você deveria andar com ele uma ou duas milhas. Não é essa sua principal preocupação agora. O fardo que lhe pesa nos ombros tem a ver com a vida na eternidade e sua correta relação com ela. Se você retornar a essa questão, sugere ele, tudo mais o seguirá. Nisso ele é bem diferente também de Lucas. Não se interessa por coisas exteriores e temporais — com datas e genealogias, embora elas o transportem direto para Adão. Todo o fardo que carrega é este: que devemos abrir mão de todas as coisas para priorizar a *Vida*. Tudo que existe está em ruína. Retorne para a Vida que "desceu do céu", e, quando chegar lá, Pedro e tudo que ele representa serão preservados, e o mesmo vale para Paulo. Em certo sentido, João não tem nada novo a oferecer. Ele não nos leva mais além, pois o ponto mais distante já foi alcançado por Deus. O propósito da revelação confiada a João é trazer de volta as pessoas ao propósito original, proporcionando-lhes um novo contato com o próprio Senhor da vida ressurreto.

Ao ler o evangelho de João inteiro, você não pode deixar de se impressionar com o fato de que o capítulo 1 é a chave para tudo que se segue. Nele você encontra graça e verdade, os dois rios que fluem de Cristo. "Pois a Lei foi dada por intermédio de Moisés; a graça e a verdade vieram por intermédio de Jesus Cristo" (1.17). Ao longo desse Evangelho, você encontra a mesma ênfase dupla na verdade por um lado e na graça por outro. A verdade sempre fará exigências, e a graça sempre se fará presente para satisfazê-las. No incidente registrado no capítulo 8, da mulher flagrada em adultério, a verdade reluz. Jesus não disse para ela: "Tudo bem, você não pecou". Ele não disse aos judeus que o que ela fizera não era nada sério e que ele não estava profundamente preocupado com o problema. Não, o Senhor disse: "[...] 'Se algum de vocês estiver sem pecado, seja o primeiro a atirar pedra nela' " (8.7). A verdade estava ali: ela pecara e, de acordo com a Lei, devia ser apedrejada; mas também a graça se fez presente, pois, quando todos partiram, ele se virou e disse para a mulher: "[...] 'Eu também não a condeno [...]' " (v. 11).

No decorrer do evangelho de João, você descobrirá que à verdade sempre corresponde a graça dessa maneira.

No entanto, quando você se volta para as epístolas de João, encontra algo mais. Ouve menos sobre graça e verdade porque essas cartas são escritas em data posterior, e uma recuperação ainda mais fundamental se faz necessária. Por isso, você descobre João apontando um passado ainda mais remoto. "[...] Deus é luz [...]" (1João 1.5); "[...] Deus é amor" (1João 4.8). Enquanto no Evangelho a vinda de Cristo da parte do Pai foi revelada entre os homens como graça e verdade, nas epístolas a existência de Cristo com o Pai é revelada aos homens como luz e amor. O que é verdade no Evangelho se converte em luz nas epístolas. O que é graça no Evangelho se converte em amor nas epístolas. Por que isso? Porque aquilo que é luz em Deus, quando transmitido aos homens, torna-se verdade; aquilo que é amor em Deus, quando trazido para os homens, torna-se graça. O amor volta para Deus, mas a graça permanece aqui. Tudo que está em Deus é luz e amor, mas ao ser estendido aos homens torna-se verdade e graça. E sempre é possível que a graça seja usurpada, que a verdade seja maltratada; os homens se apropriaram indevidamente dessas coisas para si mesmos. Todavia, Deus é luz e é amor, e não se pode subir ao céu e tocar tais coisas; elas estão além da possibilidade de ser maltratadas. Portanto, o método de João consiste em nos levar de volta ao trono. Não em nos oferecer algo novo, mas em nos confrontar outra vez com o original, retornando à fonte é que recuperaremos e preservaremos o que se perdeu.

Mas é quando chegamos ao último e, em certos sentidos, o mais importante livro de toda a Bíblia, o Apocalipse, que vemos esse princípio do apóstolo em plena operação. Descobriremos, na minha opinião, que a ênfase de João aqui incide de modo especial sobre o Senhor Jesus, uma vez que ele é "verdadeiro" (Apocalipse 3.7). Nenhum de nós, creio, poderia ler esse livro sem constatar que ele representa a suprema restauração. O Apocalipse marca a reversão completa de Gênesis. Todo fracasso e toda degradação que entraram no mundo lá no princípio são agora desfeitos; tudo que se perdeu é recuperado; toda pergunta suscitada lá atrás é respondida aqui.

Em Gênesis, vejo uma serpente. Qual será o fim disso? Vejo uma maldição. Qual será o seu fim? Vejo morte e pecado. Como isso terminará? Vejo o homem impedido de ter acesso à árvore da vida. Qual será o resultado dessas coisas? Vejo o início delas, mas qual é seu fim? E o meu fim, qual será? Deus, em sua graça, criou um princípio comigo, mas e se a salvação acabasse com o presente? O propósito do livro de Apocalipse é responder a essas perguntas apresentando Jesus como alguém vivo para todo o sempre, o princípio *e* o fim.

Pois o Apocalipse é a revelação, *apokalypsis*, de Jesus Cristo. Ele abre a cortina e manifesta a pessoa de Cristo. O objetivo do livro não é antes de mais nada nos esclarecer quanto aos eventos futuros — o anticristo, o suposto renascimento do Império Romano, o arrebatamento, o milênio ou o destino definitivo de Satanás. O remédio de João para nossas enfermidades não é questão de um grande número de selos e trombetas, nem esclarece a dúvida sobre se o arrebatamento é "parcial" ou "completo". Na verdade, ele não foi absolutamente projetado para satisfazer nossas especulações intelectuais, mas, sim, para ir ao encontro da nossa necessidade espiritual revelando o próprio Cristo em plenitude, a fim de que o possamos conhecer.

O Apocalipse responde às indagações que nos fazemos, claro, e de modo que supere até os nossos sonhos. Pois o que João nos apresenta no fim é na verdade mais do que perdemos no início. Deus começou com um jardim e termina com uma cidade. Em Gênesis, ele visitou o homem ao qual criara; em Apocalipse, o local de sua habitação, ou melhor, seu próprio trono, está no meio dos homens. O que fora a Igreja em Paulo se transformou na cidade santa em João. Contudo, no propósito divino, sempre foi assim. O que Deus se propusera fazer a princípio, de fato o fará; e Apocalipse nos assegura que ele já o fez em sua mente. De modo que, na essência, João não nos apresenta nada novo, como antes; apenas nos mostra que o que Deus intentou ele concretizará.

João consegue tudo isso, repito, levando-nos de volta ao original divino. Qual o destino do mundo? Qual será o resultado do conflito da Igreja? Qual será o meu fim? Tudo, afirma João, tem resposta e realização no Senhor Jesus Cristo. Ele é meu início? É também meu fim. Ele é meu alfa? É também o meu ômega. Cristo é a resposta para todas as minhas perguntas. Se eu for claro primeiro acerca dele, conhecerei tudo de que necessito saber acerca dos acontecimentos vindouros — a razão deles e a justiça em que se darão. Essa é a ordem divina inescapável. Ninguém está qualificado para estudar as visões subsequentes registradas por João se não teve a primeira visão do Senhor. Porque ela nos ensina quem ele é, o Rei dos reis ressurreto e vitorioso, e os acontecimentos que seguem são consequência de ele ser o que é.

Isso foi verdade também na vida pessoal de João. Até o discípulo amado, que se recostara no regaço de Jesus, precisou de uma revelação de seu Senhor eterno que o arrasasse. Só então lhe poderia ser mostrado "o que está por vir". A primeira visão é fundamental para as demais. Pois o que está em vista é um reino; e são o Rei e seus súditos, não os especialistas em profecia, que declaram guerra a tudo que se levanta contra seu Reino. Os eventos futuros não são revelados para alimentar uma vã especulação; têm por objetivo a derrocada do inimigo e o reinado universal de Cristo.

Assim, Deus nos mostra em Apocalipse um aspecto do seu Filho não apresentado nos Evangelhos para nós. Nos Evangelhos, nós o vemos como Salvador; em Apocalipse, como Rei. No evangelho de João, ele é o Alfa; em Apocalipse, o Ômega. Um exibe seu amor, e o outro, sua majestade. No cenáculo, Jesus usa uma faixa na cintura, como quem serve; em Patmos, descobre-se que ele a usa no peito, para a guerra. Nos Evangelhos, seus olhos doces derreteram Pedro; em Apocalipse, eles são como chama de fogo. Lá sua voz era gentil, chamando as ovelhas que lhe pertencem pelo nome; palavras graciosas procediam de sua boca. Aqui sua voz é terrível como o som de muitas águas, e de sua boca sai uma espada afiada de dois gumes, levando a morte aos inimigos.

Não basta conhecer Jesus como Cordeiro de Deus e Salvador do mundo; precisamos conhecê-lo também como o Cristo de Deus, o Rei de Deus, o Juiz de Deus. Ao vê-lo como Salvador, exclamamos: "Adorável!" e nos inclinamos sobre seu peito. Ao vê-lo como monarca, dizemos: "Que terrível!" e caímos prostrados a seus pés. A primeira situação resulta em ações de graças; a segunda, em adoração. Quase se poderia dizer que vê-lo agora como Rei é enxergar "outro" Cristo, experimentar "outra" salvação. Nós o contemplamos agora como a testemunha fiel e verdadeira, o fiador divino a garantir que, mesmo se os propósitos de Deus forem prejudicados, nunca poderão ser frustrados em caráter definitivo.

Aquele que é verdadeiro
Ao estudar o livro de Apocalipse, precisamos ter o cuidado de não espiritualizar em demasia o que lemos. O novo céu e a nova terra de João são reais, não imaginários, e sua nova Jerusalém também, tão verdadeira quanto o Senhor ressurreto. A mania de espiritualizar tudo que é divino constitui recurso desesperado das pessoas sem contato com a realidade. Muita gente querida só acumula a verdade espiritual e profética, lamento informar, para com ela construir para si mesma um mundo irreal. Agir assim é fugir da realidade, tão certo como fazem aqueles que, como vimos antes, estão prontos hoje para viver na atmosfera espiritual de Efésios, mas querem evitar enfrentar o desafio prático de 1Coríntios. Lembre-se, contudo, de que foi exatamente essa a ilusão que se abateu sobre Laodiceia, possibilitando ao povo da cidade crer em uma mentira.

A marca da maturidade espiritual será sempre que as coisas divinas se tornam reais para nós porque Cristo é real para nós. Nós o vemos como vida real, santidade real — para ser franco, como "a verdade"; e uso "verdade" aqui em sentido muito diferente do anteriormente empregado, quando falei em "verdade profética". Muitos confundem verdade e doutrina, mas as duas não são a mesma coisa. Doutrina é o que se diz na terra sobre a verdade eterna.

Sei bem que nosso termo para "verdade" em chinês é *chen-li* (*grosso modo*, "doutrina da realidade"), mas o significado grego na verdade é *chen* sem *li*, "realidade" sem "doutrina". O Jesus que disse: "E conhecerão a verdade [...]" (João 8.32) personifica em si tudo que é verdadeiro (v. Apocalipse 3.7; cf. 1João 5.20), e assim deveríamos conhecê-lo.

A verdade "está em Jesus" (Efésios 4.21) e, como a graça, veio "por intermédio de Jesus Cristo" (João 1.17). Damos as boas-vindas à sua graça; mas conhecemos sua verdade? A graça veio até nós em um ato histórico quando Jesus se entregou na cruz; em nada é menor a certeza de que a verdade está intimamente ligada à sua pessoa e obra, não se tratando apenas de algo expresso em sua pregação. Portanto, se a graça se estende até nós hoje, a verdade deveria com idêntica certeza também se estender até nós e nos envolver. A nós que, por meio da fé nessa obra terminada, agora nos encontramos unidos com Cristo.

Todavia, conquanto muitos o conheçam como o Caminho e a Vida, na realidade bem poucos o conhecem hoje como a Verdade. É uma deficiência séria, pois a verdade, como dissemos, é a realidade. Antes de Jesus e à parte dele, não existe realidade alguma. E podemos entrar na verdade, se quisermos, porque sua obra completa permanece para nós hoje o que há de mais verdadeiro no mundo. O que somos diante de Deus, somos *em realidade* por causa do que ele fez.

Isso tem importante relevância em nossa experiência prática. Minha dificuldade teórica é sempre esta: o que sou diante de Deus, comparado com o que sou aqui, revela com demasiada frequência que muita coisa está errada. O que a obra de Cristo me tornou é uma coisa, mas o que experimento na terra a toda hora parece contradizer essa verdade. Como soluciono tamanha discrepância? Como vivo de modo que minha conduta expresse com coerência aqui o que sei ser verdade lá?

Preciso enxergar que o que Deus me fez ser nele, por intermédio da obra de Cristo, é a *realidade* e o alicerce de toda a minha verdadeira experiência cristã. Nada mais ocupa essa posição. Aquilo em que me tornei em virtude de estar em Cristo é a verdade eterna. Meu único defeito será ficar remoendo meus sentimentos e experiências, minhas lutas e fracassos, minhas apreensões e esperanças, em vez de concentrar minha fé "naquele que é verdadeiro".

Tudo gira em torno dele. No coração das Escrituras, vemos Cristo na cruz. Fomos incluídos em sua morte, e, quando Cristo ressuscitou, nós ressuscitamos com ele, membros do seu corpo. João o revela para nós como é hoje e, louvado seja Deus, sua ascensão e glória são nossas! Mas de onde extraímos a certeza dessas coisas? Não dos nossos sentimentos, mas da realidade da pessoa e obra de Cristo. O que ele fez é o local de descanso da nossa fé. Não são os nossos sentimentos, nem nosso conhecimento, que nos "liberta". Mas a verdade. João 8.32 nos mostra que, enquanto não enxergarmos essas coisas, permaneceremos escravizados. Todavia, por ser real o que nos tornamos em Cristo, e por ser a verdade o que nos tornamos nele, a simples descoberta dessas realidades abre caminho para que elas, por sua natureza, ponham um fim em nossa escravidão.

Esse é o grande valor para nós da nova revelação de Jesus efetuada por João. Vista de um nível apenas humano — por exemplo, da perspectiva de um prisioneiro na ilha chamada Patmos —, a vitória de Cristo difere mais da realidade do que quase qualquer coisa em que somos capazes de pensar. Assim era na época e continua sendo hoje. Olhamos para os governos, a sociedade, o cristianismo exterior e vemos escravidão, opressão, frustração — tudo, menos liberdade. Por isso oramos e pedimos vitória e, ao fazê-lo, refutamos a vitória do Calvário. A verdade, a gloriosa realidade, é que Cristo já venceu, não que o fará. O que Deus realiza hoje é algo que já foi feito em Cristo. Temos extrema necessidade de enxergar esse fato.

"Envia a tua luz e a tua verdade [...]" (Salmos 43.3). As duas coisas estão interligadas. A verdade é completa em Cristo, mas nosso coração tem necessidade da luz de Deus derramada sobre ele. Toda experiência espiritual provém da luz divina sobre a verdade eterna. Verdade pregada sem essa luz se torna doutrina; com a luz divina, torna-se revelação. Ela sempre nos sobrevém como uma ou outra coisa. Mas a Verdade, a realidade eterna, é o próprio Cristo, e então, aquilo que Deus, por sua graça, nos fez ser nele.

Cristo e o tempo

A realidade espiritual conta com esta característica extraordinária: ela não tem marcas do tempo. O fator tempo se desvanece no instante em que você toca nessa realidade. Por exemplo, veja o caso da profecia. Do ponto de vista humano, existe uma coisa chamada profecia, mas do ponto de vista divino, não. Claro, lemos nas Escrituras: "[...] 'Tu és meu filho; eu hoje te gerei' " (Atos 13.33). Acontece que "hoje" com Deus é sempre. Nosso Senhor afirma ser o primeiro e o último, o Alfa e o Ômega; mas lembre-se, ele é as duas coisas juntas, as duas coisas ao mesmo tempo. Ele não é o primeiro uma hora e outra hora o último, mas o primeiro e o último simultaneamente. Tampouco é o caso de, tendo sido o Alfa por algum tempo, mais tarde ele se tornar o Ômega; Cristo é o Alfa e o Ômega de eternidade em eternidade. Ele é sempre o primeiro *e* o último; sempre Alfa *e* Ômega. Claro, aos olhos dos homens, ele não é o Ômega até que se manifeste como tal, mas aos olhos de Deus ele é o Ômega neste instante. Para o homem, passado e futuro são separados e distintos; para Deus, estão sincronizados. Para mim o "eu" de ontem difere do "eu" de hoje, e o "eu" de amanhã difere ainda mais; Jesus Cristo, no entanto, é o mesmo ontem e hoje e para sempre. Ele é o eterno "EU SOU".

Eis o ponto em que o conhecimento de Deus passa a ser muito precioso para nós. Nosso Senhor disse a Nicodemos: "Ora, ninguém subiu ao céu, senão o que desceu do céu, o Filho do Homem, que está no céu" (João 3.13, *Almeida Revista e Corrigida*). Observe o sincronismo das duas posições em Cristo. Para ele, não há mudança alguma de tempo ou lugar. Está ao mesmo tempo lá e aqui. Por isso está escrito acerca de Deus que ele é o "Pai das luzes, em quem não há mudança, nem sombra de variação" (Tiago 1.17, *Almeida Revista e Corrigida*). Ele é assim em si mesmo, em seu Cristo e, louvado seja seu nome, também em sua Igreja!

Já aconteceu de você encontrar a igreja descrita por Paulo em Efésios 1.18, em termos das "riquezas da gloriosa herança dele nos santos"? Ou a daqueles retratados em 1Coríntios 6.11 como lavados, santificados, justificados no nome do Senhor Jesus Cristo, e no Espírito de nosso Deus? Oh, você diz, isso descreve a *posição* da igreja. Não, descreve sua *realidade*. Ao escrever para os romanos, Paulo foi mais ousado do que alguns de seus tradutores. Ele disse "chamados santos" ou "santos por chamamento", mas acharam que corriam um risco grande demais traduzindo literalmente, razão pela qual preservaram o conceito que tinham das coisas espirituais vertendo para "chamados *para serem* santos" (1.2). Se somos chamados apenas "para sermos" santos, quanto tempo teremos de "ser" antes de podermos *ser* de verdade? Louvado seja Deus, nós *somos* santos!

A expressão traduzida por "somos criação de Deus" (Efésios 2.10) também poderia ficar assim: "somos sua obra-prima". A Igreja é o melhor que Deus pode produzir. Não há como melhorá-la. Olhamos ao nosso redor e vemos degradação em toda parte. Perguntamo-nos: *Onde a Igreja vai parar?* Pois vou dizer a você: ela não "vai parar" em lugar nenhum; ela já chegou lá. Não olhamos para o futuro tentando descobrir qual será seu objetivo; olhamos para o passado. Deus alcançou o seu fim em Cristo antes da fundação do mundo, e nós avançamos em sua companhia com base no que já é. Ao nos movermos à luz desse fato eterno, testemunhamos sua manifestação progressiva.

O progresso cristão não tem a ver com o alcance de um padrão abstrato, ou com a luta feroz para atingir um propósito distante. Tem a ver com a contemplação do padrão divino. Progride-se espiritualmente descobrindo o que se é de fato, não tentando se converter no que se espera ser. Esse alvo você jamais alcançará, por maior que seja a sinceridade com que se esforce. Ao *enxergar* que está morto é que você morre; ao *enxergar* que ressuscitou é que você ressuscita; ao *enxergar* que é santo é que você se torna santo.

Enxergar o fato consumado determina o caminho para a concretização desse fato. O fim é alcançado pela contemplação, não pelo desejo ou pelo trabalho. A única possibilidade de progresso espiritual está em descobrirmos a verdade conforme Deus a vê; a verdade em relação a Cristo, a verdade em relação a nós mesmos em Cristo e a verdade em relação à Igreja, o corpo de Cristo.

Em Romanos 8.30, Paulo nos diz que aqueles aos quais Deus predestinou ele chamou, aqueles aos quais chamou ele justificou, e aqueles aos quais justificou ele glorificou. Portanto, de acordo com a Palavra de Deus, todos que são chamados já foram glorificados. A meta foi alcançada. A Igreja já chegou à glória!

"Oh, mas isso é difícil demais!", você exclama. "Claro que a Igreja precisa ser purificada! Por favor, volte a Efésios 5 e me diga de novo como você explica a afirmação de que a Igreja foi purificada pelo lavar da água mediante a palavra (v. 26)." Muito bem, mas, por gentileza, primeiro observe o contexto. Ele nos revela como o marido e a mulher deveriam agir. Da parte do marido, exige-se amor; da parte da mulher, submissão. A questão não é como ser um marido ou como ser uma mulher, mas como se deve viver sendo marido ou mulher. Não significa que você deva amar a fim de ser o marido, ou que deva obedecer a fim de ser a mulher, mas, sim, que, se for o marido, você deve amar e, se for a mulher, obedecer. A questão toda em discussão não é fazer *a fim de ser*, de modo algum, mas fazer *pelo fato de ser*.

Ora, o mesmo princípio não se aplica à Igreja? Os chamados não são purificados *a fim de serem* Igreja; eles são purificados *porque são* Igreja. Por isso sugeri anteriormente que Paulo está olhando além da questão do pecado nesse ponto. O objetivo da purificação pode ser a renovação pela retirada de manchas e da poeira do mundo, no sentido insinuado nas palavras do Senhor em João 13.10. Penso ser isso o que se pretende dizer aqui. A Igreja *foi lavada* (v. 1Coríntios 6.11), portanto a repetição do processo hoje a mantém *renovada*. O marido age como marido por *ser* marido; a mulher age como mulher por *ser* mulher; a Igreja é lavada por *ter sido* lavada. Ela alcançou o padrão, por isso recebe ajuda para viver de acordo com esse padrão, ao passo que o que não é Igreja nunca poderia se tornar Igreja por mais lavado que seja.

Como afirmamos em capítulo anterior, enquanto Romanos chega à declaração de que Deus "também glorificou" (8.30) via toda a narrativa da redenção, Efésios se afasta do tempo de maneira deliberada para recorrer às eternidades passada e futura e tomar a plenitude eterna como seu ponto de partida. Pois a realidade suprema está sempre diante de Deus, que fala da sua Igreja à luz dessa realidade. O fator tempo na Bíblia é um dos maiores problemas para a mente humana, mas ele se desvanece no horizonte assim que nosso coração é iluminado para conhecer a glória da herança do Senhor nos santos. Deus vê a Igreja absolutamente pura, absolutamente perfeita. Conhecer hoje a glória suprema no céu é a única maneira segura de viver no poder dessa glória na terra.

Cidadãos do céu

Continua sendo um triste fato, apesar de verdadeiro, que muitos cristãos só veem a forma exterior do cristianismo. Jamais divisaram a realidade interior, de modo que, até o momento, não têm nenhum conhecimento da essência de sua natureza. E não admira que seja assim porque muito do que é apenas exterior hoje está de tal forma acoplado ao cristianismo que fica difícil discernir o que é verdadeiramente de Deus. Todavia, o cristianismo não é, afinal de contas, apenas um sistema de exterioridades. Ele é "a Verdade".

O evangelho de João vem em nosso auxílio apresentando-nos o Espírito Santo como o Espírito da verdade e assegurando-nos que ele nos conduzirá a toda a Verdade. Teremos alguma coisa mais a dizer a esse respeito no capítulo final. Mas sem dúvida podemos deduzir dessa afirmação que o que nos chega *à parte* da instrução e do esclarecimento do Espírito Santo é sempre menos que a Verdade. O que conseguimos alcançar pelo pensamento e pelo estudo, por meio dos nossos olhos e ouvidos, está fora do domínio da verdade eterna; não é espiritualmente real.

A mente humana adota grandes extremos para encarar as coisas divinas. A igreja romana, por exemplo, procura lhes dar uma conotação sacramental ou materialista. Os homens fixam o olhar na água material do batismo e lhe creditam um poder regenerador. Dos elementos materiais da ceia do Senhor, diz-se de igual modo que são transformados milagrosamente no corpo e no sangue físicos de Cristo, provendo-nos da conhecida doutrina da transubstanciação. Em concordância com essas ideias, a forma exterior da igreja, da maneira que Roma a interpreta, é por ela considerada a única igreja verdadeira. No extremo oposto, o homem intelectual, perplexo com as evidentes inconsistências resultantes dessa visão, tem procurado afastá-las ou minimizá-las desenvolvendo o que podemos chamar de visão reformada das coisas. Ele faz distinção entre a cerimônia exterior do batismo e a realidade interior. Vê os elementos da ceia como símbolos meramente representativos e típicos. E soluciona o problema da Igreja argumentando a favor de uma instituição verdadeira e outra falsa, uma celestial e outra terrena, e a chamada "Igreja dentro da igreja".

Agora pergunto: algum desses extremos de fato faz justiça às afirmações simples das Escrituras? A Palavra não diz nada sobre verdadeiro ou falso, ou sobre representação ou simbolismo. Só faz declarações firmes sobre fatos. "Portanto, fomos sepultados com ele na morte por meio do batismo [...]" (Romanos 6.4; v. Colossenses 2.12), diz Paulo. Para ele, não existe batismo que não envolva morte e ressurreição com Cristo. Nunca lhe passou pela cabeça que um cristão pudesse experimentar o batismo em determinada data e, em data posterior, viver a experiência da morte e ressurreição com Cristo. De semelhante modo, as palavras do nosso Senhor concernentes ao cálice, "Este é o meu sangue", vão muito além do mero simbolismo, por um lado, ao passo que, por outro lado, a alusão quase simultânea que ele faz ao "fruto da videira" elimina de igual modo a ideia da transubstanciação. Trata-se do seu sangue, mas ainda se trata também de um cálice de vinho. Aqui não há "representativo" e "real", tipo e antítipo, mas apenas uma realidade divina.

Necessitamos de olhos ungidos para ver. Só podemos ser conduzidos à verdade do batismo e da ceia do Senhor pelo Espírito da verdade. Quando acontecer, deixará de existir uma "doutrina" para essas coisas; haverá só a realidade. Podemos dizer palavras que assustem os reformistas extremos ao soarem como as palavras proferidas por Roma, mas talvez enxerguemos o que Roma nunca enxergou. Pois, para quem contemplou o Absoluto, doutrina e tipo dão lugar à visão dele. Só a Verdade existe.

Mas o que acabamos de dizer sobre a realidade do batismo e da ceia não é menos verdade quando passamos a discorrer sobre a realidade da Igreja. Hoje em dia, ante a menção do termo "Igreja", muitos cristãos evangélicos ficam bastante apreensivos. Sempre que o assunto vem à tona, grandes precauções são tomadas para limpar o terreno a fim de que não surja nenhuma espécie de confusão na mente dos ouvintes. Exercita-se cautela para diferenciar a verdadeira Igreja da falsa. Mas na Palavra de Deus, e no pensamento divino, inexiste tal distinção. O Senhor não inseriu notas de rodapé nas Escrituras quando falou sobre a Igreja. Não tentou proteger a realidade espiritual fazendo distinção entre interior e exterior, real e irreal. Nem sequer traçou uma linha clara de demarcação entre local e universal. Em sua Palavra, só existe a "Igreja".

A despeito disso, o assunto continua a ser considerado polêmico, a ser evitado com diligência em prol da unidade evangélica. Em uma grande convenção na Inglaterra, perguntei a um colaborador:

— Por que não se ouve nenhuma menção à Igreja nesta convenção?

— Oh — ele respondeu, — porque ela visa ao aprofundamento da vida espiritual.

Portanto, se havia representatividade nessa visão, a Igreja e a vida espiritual do cristão são consideradas por muitos sem relação uma com a outra, quando nada está mais intimamente relacionado à vida espiritual dos filhos de Deus do que a Igreja.

"Oh, ser como tu!" é um hino que os indivíduos podem cantar, mas não a Igreja, pois ela *é* o corpo celestial de Cristo. Descobrir isso é passar por uma revolução na vida cristã. Porque, embora a maioria dos cristãos reconheça ser errado lutar e se empenhar pelas coisas celestiais, ainda assim todos lutam e se empenham. Foi-lhes ensinado a considerar as coisas celestiais algo a ser conquistado e, por isso, imaginam o cristianismo como o esforço de serem o que não são e de fazerem o que não conseguem. Lutam para não amar o mundo porque, na verdade, de coração, amam-no; esforçam-se para serem humildes porque, de coração, são muito seguros de si. Essa é a experiência do chamado cristianismo, mas, repito, não é a experiência da Igreja. Pois, apesar de podermos avançar mediante os nossos esforços através do Atlântico ou do Pacífico, jamais conseguiremos avançar por nossos esforços da terra para o céu. O céu não é um lugar que a Igreja atingirá em uma data futura. A Igreja *está* lá, e nunca esteve em nenhuma outra parte.

O céu é tanto a origem quanto a residência da Igreja — portanto, não o seu destino. E, como a Igreja jamais conheceu outro território a não ser o céu, a questão do esforçar-se para alcançá-lo nunca surge para ela. A afirmação pode ser drástica, mas expõe um fato. Como tudo mais na Palavra de Deus, trata-se de algo a ser contemplado pela revelação do Espírito Santo ao nosso coração. Antes de vê-la, não conhecemos nosso chamado celestial. Esse chamado não nos convida *a entrar no* céu, mas torna conhecido para nós que somos *do* e estamos *no* céu. Assim a Igreja não é um grupo de cristãos trabalhando rumo ao céu, mas na verdade é composta hoje de cidadãos do céu. Relembre: "Ninguém jamais subiu ao céu, a não ser aquele que veio do céu: o Filho do homem" (João 3.13). A Igreja não precisa orar para se tornar como Cristo. Só precisa enxergar o lugar que ocupa em união com seu Senhor.

Precisamos rever nosso modo de pensar a Igreja. Ela não é uma organização a ser planejada, nem mero grupo de pessoas a ser completado. Não é um conceito a ser compreendido, nem um ideal a ser conquistado. Como tantas outras coisas que nos pertencem em Cristo, a Igreja é uma realidade a ser vista com o auxílio do Espírito Santo por intermédio da Palavra. Quando reconhecemos o verdadeiro caráter celestial da Igreja, então nos conscientizamos da condição celestial também da nossa natureza renovada e *sabemos* que nosso ponto de partida como cristãos não é a terra, mas o céu. A Igreja é perfeita, além de qualquer possibilidade de aprimoramento. Dizem os teólogos: "Oh, mas essa é a posição da Igreja; seu estado não é esse". Aos olhos de Deus, no entanto, não existe imperfeição alguma na Igreja por toda a eternidade. Por que nos afligirmos com as intermináveis questões relacionadas com a velha criação? Elas desaparecem quando, por graça divina, enxergamos a realidade eterna. A Igreja é a esfera em que Deus exerce sua autoridade na terra, e hoje, no meio de um Universo profanado, ele conta com uma esfera de pureza imaculada para sua habitação.

Candelabro de ouro

Como ficamos nervosos quando o assunto é a Igreja! Como relutamos em nos confiar a ela! Dizemos: e se a Igreja cometesse um erro? E se ela chegasse à conclusão errada? Mas o Senhor não fez provisões para fracassos de espécie alguma nesse caso. É como se, na mente dele, essa eventualidade não pudesse acontecer. Pensamos na igreja em Corinto como uma igreja muito abaixo do padrão, mas foi para ela que Paulo escreveu: "Vocês foram lavados, foram santificados, foram justificados". Nem mesmo em Roma ele vê Demas e Alexandre, o ferreiro, e tantos outros falsos irmãos constituindo algum tipo de igreja impostora, a ser diferenciada com toda a cautela da real. Em suas epístolas, sempre que a menciona, Paulo fala da igreja como totalmente perfeita, sem inserir nenhuma adjetivação, no intuito de evitar mal-entendidos.

Com João não é diferente. Em Apocalipse 2 e 3, vemos o Filho do homem passando entre os candelabros e confirmando a responsabilidade individual de cada um. Nossos olhos, acompanhando os dele, detectam de pronto as muitas deficiências nas igrejas; mas já nos ocorreu que João em lugar nenhum faz distinção entre as igrejas que estão certas e as que estão erradas? Apesar da imperfeição delas, o apóstolo lhes escreve como o Senhor ainda as vê, ou seja, como "os sete candelabros de ouro" (2.1), sete castiçais *de ouro maciço*.

Àqueles para quem a realidade divina um dia começou a raiar, ela é a única que existe. Dizemos: do ponto de vista de Deus, a Igreja deveria ser isso ou aquilo. Não, a Igreja *é* isso ou aquilo! Ela é o que deveria ser do ponto de vista divino porque *Cristo* o é. Enxergar a realidade eterna em Cristo é parar de fazer diferença entre o que a Igreja é potencial e realmente. E a partir do momento em que o Senhor começa a abrir nossos olhos, não menosprezamos mais as pequenas coisas. Não dizemos mais, quando encontramos apenas um punhado de cristãos em algum lugar: "Que utilidade tem isso para Deus? São tão poucos os aqui presentes!".

Não reclamamos: "Só outro irmão me acompanha nesta cidade pagã!". Olhamos para Atos e deixamos de nos angustiar com a escassez de cristãos que, no capítulo 13, tomou decisões tão abrangentes (pois foi o que de fato se provaram ser). Paramos de pensar: havia uma representação inadequada da Igreja naquele lugar; passos tão importantes como esses deveriam ter aguardado um concílio geral dos líderes da igreja.

Não, estamos satisfeitos que os que creem viram a realidade celestial e, por conseguinte, não se afligiram indevidamente com detalhes técnicos. E, quando enxergarmos a realidade da Igreja como eles fizeram, então a reconheceremos em operação quando a encontrarmos por toda parte, ainda que seja em um pequeno grupo de cristãos destituídos de qualquer posição especial, como diriam os homens, como seus "devidos representantes eleitos". Se eles estão de fato sujeitos em todas as coisas ao cabeça que é Cristo, e se estão fazendo muito não por si mesmos ou pela Igreja, mas por *Cristo*, então o Espírito de Deus sempre lhes dará testemunho.

Considere um caso extremo. Em Damasco, quando Ananias procurou Saulo, foi sozinho e sozinho impôs as mãos sobre ele. "Que despropósito!", você exclama. "Bem ao contrário dos princípios do corpo! Sem dúvida, foi um ato independente!" Nada disso! Ananias era só um discípulo, é verdade, mas um discípulo que se movia (como deve fazer um membro do corpo) sob a direção da cabeça, Cristo. E naquela hora os olhos do Senhor não estavam sobre Ananias apenas, mas também sobre o outro homem. Foi justo a ação de Ananias para com esse novo irmão que expressou com tanta clareza sua sujeição a Cristo. Nessas condições, quando ele se moveu, o corpo inteiro se moveu.

Se você já foi conduzido à realidade eterna da Igreja, talvez chegue o dia em que será chamado para falar e agir por toda a Igreja. Acaso se recusará a fazê-lo quando isso acontecer? Um movimento da parte de um membro qualquer do corpo, submisso de verdade ao Espírito de Cristo, é um movimento do todo. Nessa hora, a vida dessa pessoa transcende todas as externalidades, pois os homens reconhecem que Deus se move por intermédio desse membro.

As implicações de tudo isso são grandes. Não temos nada que ver as coisas por um viés materialista ou intelectual — ou seja, pelos olhos de Roma ou da Reforma —, mas só do ponto de vista de Deus. O Senhor contempla "sete candelabros de ouro". Ele só conhece "a Igreja", e, quando permitirmos ao Espírito da verdade que nos conduza à verdade espiritual da Igreja, veremos apenas a Igreja que Deus vê.

Quando falo desse assunto a cristãos de diversos países, descubro que todos eles, líderes inclusos, têm as mesmas dúvidas. "Está querendo me dizer", ponderam, "que é possível ter algo de acordo com Deus *aqui embaixo*? Você é um idealista. Anda atrás de uma miragem. Mas supondo que esteja certo, e é possível ver essas coisas acontecerem em alguma medida em sua vida, o que dizer da próxima geração? O que você experimenta hoje seguirá seu curso como tudo mais. O caráter dessas coisas mudará e, dentro de poucos anos, sobreviverá apenas como uma caricatura da sua visão".[12]

---

[12] A esta altura, talvez convenha lembrar os leitores de que, nos últimos trinta e cinco anos, o autor vem testemunhando o crescimento, pela pregação da Palavra, de uma obra bastante fértil do Espírito de Deus na China. Obra essa que, pelo poder de Cristo habitando nos que lhe pertencem, vem suportando as mais severas tempestades. [N. do E.]

Sim, imagino que, olhando apenas do ponto de vista do ministério de Paulo no Novo Testamento, essa atitude possa parecer correta. Graças a Deus, no entanto, tem ainda o ministério de João. O que Deus fazia por meio desses homens é eterno — não algo restrito a apenas dez ou vinte anos. Não existe uma "primeira geração" e uma "segunda geração" no que diz respeito à casa espiritual de Deus.[13] É "de geração em geração". Deus jamais abandonará o que tem em vista pelo excelente motivo de que ele nunca muda. Atrevemo-nos a aceitar outro padrão? Alguém que não tem condições financeiras para comprar pérolas adquire um colar de contas e pensa nele como imitação de uma joia de pérolas. Mas quem tem condições de usar pérolas não pensa em colar de contas nem como imitação de pérolas. Para essa pessoa, não existem pérolas verdadeiras e falsas; só existem pérolas. O colar de contas não tem mais relação com um de pérolas do que com quaisquer outros tipos de colares; as únicas pérolas que ela reconhece como tais são as verdadeiras.

"[...] Voltando-me, vi sete candelabros de ouro [...]" (Apocalipse 1.12). "Ele me levou no Espírito a um grande e alto monte e mostrou-me a Cidade Santa, Jerusalém, que descia dos céus, da parte de Deus. Ela resplandecia com a glória de Deus, e o seu brilho era como o de uma joia muito preciosa [...]" (21.10,11). Mantendo os olhos nessa imagem, podemos louvar a Deus pelo ministério de João!

---

[13] Uma evidente alusão à diferença entre a primeira e a segunda gerações de cristãos — entre os libertos do paganismo para Cristo na primeira onda de um movimento missionário evangélico e aqueles que muitas vezes vieram depois dele e se tornaram cristãos apenas nominais. [N. do E.]

CAPÍTULO 11

Ao vencedor

João, o apóstolo, reitera que o propósito de Deus é certo e que seus caminhos hoje são coerentes com esse fim. Como os princípios do corpo encontram seu pleno desenvolvimento e expressão na cidade celestial, o inverso também é verdade. Sempre que a vida na eternidade tem livre curso em nós hoje, encontramos cada aspecto da cidade celestial, cada característica real do Senhor Jesus, manifestando-se por meio do seu corpo aqui na terra. E quem um dia vislumbrou o homem celestial de Deus e consegue se dar por satisfeito com menos que isso?

Agora, porém, precisamos ser práticos e dar uma olhada nas condições ao nosso redor. A maioria de nós concordará que o cristianismo exterior está em um estado lastimável. Ele manifesta todas as enfermidades e debilidades do mundo. Seu trabalho se reduz a um pouco de pregação e um pouco de serviço social. Causa impacto insignificante sobre os homens. Isso é fato. Mas o que deveria nos causar angústia pessoal ainda maior é a tragédia de que, como povo de Deus, nossa consciência vem sendo bem pouco exercitada em relação a esse fato. Damos tudo como certo, como parte da rotina, e muitos parecem aceitá-lo com normalidade quase como se devessem ser como são. Os cristãos hoje não acreditam que o disposto por Paulo à nossa frente seja possível. Essa descrença deveria ter o efeito de nos levar de volta ao ministério de João e de nos compelir a examinar-lhe outra vez o caráter especial.

Em relação ao corpo de Cristo, o que o Senhor revelou por intermédio de Paulo, como vimos anteriormente, estava destinado a ser concretizado nas igrejas locais, cada qual expressando esse corpo. Em localidades diversas, haveria uma expressão prática verdadeira, não de uma multidão de corpos diferentes, mas de um corpo. Esse era o plano divino, e assim foi que as coisas começaram. Mas sabemos do triste fracasso que experimentaram e como o próprio Senhor teve outra vez de falar de onde ele está: o céu. Ao fazê-lo, tocou uma nova nota no que concerne à Igreja de Deus e às igrejas, motivo por que os capítulos 2 e 3 de Apocalipse são tão proveitosos. Em ambos, o Senhor Jesus usa João para trazer à luz uma provisão divina adicional para sua Igreja. Refiro-me às sete promessas no fim dessas sete cartas. Nelas encontramos a mensagem especial de João para um período de afastamento. Diz ela que, em meio a condições de decadência e ruína geral, Deus olha para aqueles que são seu povo, os que serão seus vencedores dentro das igrejas.

Qual o significado de um "vencedor"? Para evitar mal-entendidos, primeiro, que fique claro que essas pessoas não são cristãos extraordinariamente bons. Não são melhores que os outros como indivíduos e, por isso, estão destinados a receber maior glória. Lembre-se, por favor: os vencedores não passam de cristãos *normais*. Todos os outros se tornaram, por ora, subnormais.

Na eternidade passada, Deus traçou um plano definido, um projeto que ele nunca abandonou. Vencedores são aqueles que, tendo avistado esse projeto, pela graça de Deus se determinaram a apoiá-lo. Não são pessoas imaginárias que foram além de Paulo, ou que adotaram uma linha diferente da revelada por intermédio desse apóstolo. Repito, não são mais que normais aos olhos de Deus; não podem reivindicar nenhum crédito especial.

Vencer, nos escritos de João, não significa uma simples questão de vitória pessoal. Não se trata de vitória sobre o pecado, mais bem denominada "libertação", nem de santidade pessoal — a chamada "vida vitoriosa". A vitória mencionada por João é do tipo que, em dada situação, reivindica direitos sobre ela e a toma para Deus. No momento em que a mensagem paulina está sendo rejeitada por tanta gente, o cristão se sente tentado a dizer: "As coisas são assim mesmo. O que podemos fazer a respeito? Devemos apenas tentar nos manter firmes em certos trilhos, mas teremos de deixar algumas coisas passarem porque são irremediáveis. Estão além da possibilidade de recuperação. Não há nada que possamos fazer para melhorá-las". Acossados pelas circunstâncias, reais e hipotéticas, com as quais não sabemos como conter, é fácil resignar-nos à visão de que nossa situação particular está além de qualquer possibilidade de recuperação. Há coisas demais para ajustar, passos dolorosos demais para dar até a execução do trabalho. Algo impossível.

É nessa hora que os vencedores reafirmam, pela própria vida e testemunho, que Deus não é homem para que mude. Seus padrões, declaram eles, não foram alterados, e ele continua determinado a ter uma cidade celestial no fim, um homem celestial hoje. O que a igreja inteira, *como* Igreja, deveria estar fazendo, mas deixou inacabado, eles, em caráter representativo e *pela* Igreja, são levantados por

Deus para fazer. Fiéis ao homem celestial vitorioso, mantêm sua posição. Essa é a "vitória" de que se fala na Palavra.

João mostra no Apocalipse a esfera de atuação dos vencedores. Ela está dentro da igreja derrotada hoje. Quem tem importância para Deus são aqueles que agora, cada qual em sua situação, reivindicam direitos sobre essas situações para Deus. Há uma parte do plano de Deus que diz respeito a cada um de nós, no ponto exato em que estamos, e para implementar esse plano ele necessita de vencedores. Repito, não existe bondade especial nessas pessoas; a única distinção delas é não serem extraordinariamente más! Cumprem o padrão de Deus, só isso. Todavia, conhecedoras da vida cristã, do chamado celestial do corpo, da luta da Igreja, são como uma alavanca nas mãos de Deus para arrancar Satanás do seu trono. Preparam-se em favor da Igreja e por ela lutam. Empenham todos os esforços não por si mesmas, mas pelo corpo; e, por estarem prontas, Deus vê a Igreja preparada como uma noiva. Aproximam a tocha, por assim dizer, da fogueira, e o que os vencedores herdam, a Igreja inteira herda.

Jovens

Êxodo, Levítico, Números — esses três livros do Antigo Testamento oferecem um paralelo interessante da experiência cristã. Remetem-me ao "sentar", ao "andar" e ao "permanecer" de Efésios (cf. 1.20; 4.1; 6.13, *Almeida Revista e Atualizada*). Êxodo vê Israel liberto do Egito por mão poderosa e estabelecido como povo de Deus por meio de uma obra irreversível. Levítico estabelece a base da comunhão desse povo com o Senhor pelo sangue e sua caminhada de santidade por meio da cruz. Números os organiza e os veste para a guerra, permitindo-lhes uma visão do deleite de sua herança conferida por Deus. Essa última parte é declarada de modo muito nítido no início do livro de Números quando, em 1.3, Arão recebe a ordem de contar "todos os capazes de sair à guerra em Israel" (*Nova Almeida Atualizada*).

Antes dessa afirmação, no capítulo final de Levítico parece que o Senhor se propõe a avaliar quais dos seus filhos lhe serão de maior valor. Refiro-me às instruções dadas ali sobre votos especiais (v. Levítico 27.1-8). Precisamos distinguir com cautela essa passagem de Êxodo 30, que fala do preço do resgate pela vida deles. A ordem ali valia para todos os israelitas e em todos os casos era a mesma coisa, ou seja, seis gramas de prata. Isso corresponde, penso, ao que Deus representará *para nós*; mas em Levítico 27.2 a questão é o que podemos ser *para ele*, expresso não como uma ordem, mas como um ato voluntário: "[...] Se alguém fizer um voto especial, dedicando pessoas ao Senhor, faça-o conforme o devido valor". Segue-se então uma escala de valores em gramas de prata, de acordo com idade e sexo, passível de ser tabulada assim:

Idade	*Para homens*	*Para mulheres*
Menores de 5 anos	60 gramas	36 gramas
5-20 anos	240 gramas	120 gramas
20-60 anos	600 gramas	360 gramas
Mais de 60 anos	180 gramas	120 gramas

Deus não descarta ninguém, nem mesmo crianças e bebês, mas podemos nos perguntar: por que essa avaliação alta do grupo dos acima de 20 anos? Com certeza porque, como acabamos de ver, o livro seguinte, Números, começa definindo os aptos a sair para a guerra como os "de vinte anos para cima" (Números 1.3). Isso sem dúvida significa que o valor da nossa entrega — coração, mente, vontade e vida — para Deus é por ele medido em termos da nossa aptidão para a guerra. Trata-se apenas de um voto da nossa parte — e Deus não permita que nenhum um de nós seja um cristão sem votos! —, mas da parte de Deus os valores são infinitos. Sim, é bom salvar almas, cultivar a santidade pessoal, ser útil para Deus fazendo 1.001 coisas, mas acima de tudo é precioso para ele que estejamos aptos a tomar parte na batalha eterna do Senhor, a expulsar seus inimigos e a levar seu povo para o regozijo da herança nele. Jeová é um homem de guerra, e energia para a guerra é o que ele mais preza.

A grande tragédia do Antigo Testamento, claro, era o que acontecia com os velhos quando a força física começava a lhes faltar em circunstâncias normais. Nesse ponto, contudo, precisamos recorrer de imediato ao Novo Testamento em pensamento: "[...] Embora exteriormente estejamos a desgastar-nos, interiormente estamos sendo renovados dia após dia" (2Coríntios 4.16). Árvore junto a rio não seca. Na vida cristã real, inexiste tarde, inexiste declínio de força. Como a de Calebe, o verdadeiro vencedor no livro de Números, nossa força para a guerra aos 80 anos pode ser igual a como era aos 40, se seguirmos integralmente o Senhor.

Acredito ser isso que João começa a discutir e a desenvolver em sua primeira epístola quando diz: "[...] Jovens, eu escrevo a vocês porque venceram o Maligno" (1João 2.13). Jovens são cheios de vigor por natureza, e essa declaração sugere mais uma vez a aprovação divina da energia espiritual que eles têm e dos respectivos frutos. Mas lembremo-nos de que a classificação adotada por João de seus leitores como filhinhos, jovens e pais não deve ser confundida com a de Levítico. O apóstolo se dirige a bebês espirituais que já têm garantido o perdão dos pecados, a guerreiros espirituais em quem a Palavra de Deus habita, a pais espirituais que levam consigo tudo que juntaram como bebês, filhos, homens de guerra até o pleno conhecimento daquele que é a origem de todas as coisas. Hoje nenhuma faixa etária espiritual é excluída de participar da guerra. Não deveria haver atraso de amadurecimento na vida cristã, como não deveria haver idade de aposentadoria das coisas espirituais. (E o termo "jovens" abrange homens e mulheres na escala espiritual de valores militares, embora, de certa forma, isso já acontecesse em Levítico).

Assim, seja qual for a extensão de nossa história espiritual, a pergunta que cada um de nós precisa fazer é: qual será meu atual valor no santuário? Deus dispõe de uma estimativa do quanto cada um de nós vale para ele. Conhece-nos um por um, e nosso valor no santuário é medido segundo a escala da força espiritual. Seja qual for nossa idade, não há necessidade de que nos atribuam 180 gramas de prata quando podemos ser avaliados por 360 ou 600 gramas. Ah, bebamos hoje, cada um de nós, do espírito militante de Calebe!

O acusador dos irmãos

João escreveu para seus "filhinhos" a respeito da garantia do perdão dos pecados. Em certo sentido, somos sempre, nas palavras desse apóstolo, filhinhos, pois nesta vida jamais chegamos ao ponto em que deixamos para trás nossa necessidade do sangue precioso de Cristo. Ele é de fato a primeiríssima arma do vencedor. Em Apocalipse 12, ao escrever sobre o acusador dos nossos irmãos, "que os acusa diante do nosso Deus, dia e noite", João nos ensina o seguinte: "Eles o venceram pelo sangue do Cordeiro e pela palavra do testemunho que deram; diante da morte, não amaram a própria vida" (v. 10,11).

A base para a vitória na guerra espiritual é sempre o sangue precioso. Ninguém jamais pode chegar a um lugar em que o sangue não seja necessário. Satanás, assassino e enganador, seduz e ataca, mas hoje sua especialidade é acusar. Em um sentido muito real, ele é o acusador dos irmãos, e nesse momento nosso Senhor lhe sai ao encontro como sacerdote e mediador. O céu reconhece a obra de Satanás, e o mesmo deve fazer cada cristão. Noite e dia ele nos acusa, e sua acusação é direcionada para nossa consciência, ponto em que mais sentimos a falta de força para lutar contra ele. Seu objetivo consiste em nos levar a pensar, desesperados: *Que serventia posso eu ter para Deus?* Por que encontramos cristãos se martirizando e clamando da manhã até a noite: "Sou um fracasso irremediável. Deus não pode fazer nada comigo!"? Isso acontece porque eles se permitiram aceitar as acusações do inimigo como irrefutáveis. E, se ele conseguir nos deixar nesse estado, será de fato o vencedor, pois desistimos da luta. Se, em vez de olhar para a glória de Deus, aceitarmos as acusações de Satanás e nela nos detivermos, com certeza ficaremos sem poder para lhe resistir.

Consciência é coisa muito preciosa, mas repetir sem parar "Não presto para nada! Não presto para nada!" *nada* tem a ver com humildade cristã. Confessar nossos pecados é saudável, contudo nunca levemos a confissão ao ponto em que nossa pecaminosidade nos pareça assombrosamente maior que a obra de Cristo. O Diabo sabe que não existe arma mais eficaz contra o cristão que a criação dessa ilusão. Qual o remédio para ela? Dizer para Deus: "Senhor, não presto para nada!", mas então olhar para seu sangue precioso e acrescentar: "Mas, Senhor, estou em ti!".

Satanás não acusa sem razão. Há muitos pecados de que ele pode nos acusar, sem dúvida, mas o sangue de Jesus Cristo nos purifica de todo pecado. Cremos nisso? Então essa é a resposta para o ataque inimigo. O pecado clama por sangue, mas a Bíblia não diz que ele clama por acusação — quer dizer, se nos declaramos culpados. Se dissermos que não temos nenhum pecado, claro, João nos adverte de que a porta se escancara para o acusador. Todavia se, sob a luz de Deus, confessarmos nossa culpa, o sangue então é poderoso para nos purificar. E todas as acusações de Satanás se tornam ineficazes. Louvado seja Deus por nosso Advogado! Louvado seja ele por tamanho Sacerdote! Que jamais respondamos a Satanás, quer para nos gloriarmos de nossa boa conduta, quer para lamentarmos nossos pecados, mas sempre e exclusivamente pelo sangue.

O sangue precioso de Cristo é nossa defesa de absoluta suficiência; a palavra do nosso testemunho é nossa arma de ataque. A referência aqui diz respeito ao nosso testemunho para o homem, mas não só. A vitória de Cristo, a certeza de que ele reina, de que seu Reino está próximo, de que fomos transportados do reino de Satanás para o dele, tudo isso são fatos a serem declarados não só para os homens, mas para os poderes das trevas. Declare que Deus é Rei, que seu Filho é vitorioso, que Satanás está derrotado, que os reinos deste mundo dentro de pouco tempo se tornarão o Reino do nosso Deus e do seu Cristo. Trata-se de fatos divinos positivos, nossa lança de ataque. Satanás teme declarações de fatos espirituais. Porque a palavra do nosso testemunho consegue fazer recuar os portões do inferno. Declare que Jesus é Senhor; que seu nome está acima de todo nome. Declare! *Diga-o* para o inimigo. Muitas vezes esse testemunho dá mais resultado que a oração.

A oração tem dois lados: para Deus e para a montanha. "Diga a este monte: saia daqui". Podemos dizer para Satanás: "Saia deste lugar!". Pedro e João ordenaram ao paralítico: "[...] 'Em nome de Jesus Cristo, o Nazareno, ande' " (Atos 3.6). Eles lidaram com o problema diretamente, e hoje o mais provável é que convocássemos uma reunião de oração. Não negligencie a oração, mas, contando com a eficácia do sangue precioso de Cristo, profira também uma palavra de testemunho. Muitas vezes, quando recorremos a Deus, a atmosfera está opressiva e não conseguimos orar. O que deveríamos fazer? Não desista, mas, lançando mão da Palavra de Deus, volte-se e fale para Satanás. Declare a vitória do Senhor. Declare que ele nos deu autoridade para pisarmos serpentes e escorpiões e, acima de tudo, o poder do inimigo. E *então* ore!

Lamentavelmente, hoje prestamos atenção demais na doutrina do evangelho e de menos no fato que ele anuncia. E sem fato não temos testemunho. Mas o Calvário é história. O evangelho — as boas-novas desse fato — está conosco. Há quase dois mil anos o fato do evangelho está na terra. O Senhor nos deu o sangue precioso e uma palavra segura de testemunho. Encaremos o inimigo deles munidos.

Por fim, os vencedores são homens e mulheres que sabem o que significa ser pregado na cruz — ou seja, ser "eliminado" por completo na condição de homem, de modo que a glória de tudo que realizam seja só de Cristo.

Não precisamos nos alongar sobre o assunto outra vez; mas lembre-se de que foi Satanás que desafiou Deus em relação a Jó: " 'Pele por pele! [...] Um homem dará tudo o que tem por sua vida' " (Jó 2.4). Agora, no entanto, como em resposta a isso, uma grande voz do céu afirma, acerca dos que venceram: "[...] diante da morte, não amaram a própria vida" (Apocalipse 12.11). Bem poderia essa mesma voz proclamar: "[...] 'Agora veio a salvação, o poder e o Reino do nosso Deus, e a autoridade do seu Cristo [...]' " (12.10).

"Senhor, e quanto a ele?"

Tratamos de assuntos importantes e a fim de não irmos longe demais; creio ser prudente agora nos atermos por breves instantes a algo bem prático. Conversemos então com bastante simplicidade com os jovens irmãos desejosos de servir ao Senhor. No último capítulo do evangelho de João, nosso Senhor lançou uma série de desafios muito pessoais a seu discípulo Pedro, o qual reagiu com hesitação e, como para desviar a atenção de si mesmo, começou a demonstrar repentino interesse em João, seu colega de pescarias. Olhando à sua volta e deparando com o "discípulo a quem Jesus amava" a segui-los, disse ele a Jesus: "[...] 'Senhor, e quanto a ele?' " (João 21.20,21). Por sua vez, Jesus não permitiu essa troca de foco para outra pessoa e retornou o desafio a Pedro: "[...] o que você tem com isso? Quanto a você, siga-me" (v. 22, *Nova Almeida Atualizada*). O que o incidente revela, quer me parecer, é que não há um único dentre nós capaz de fugir à obrigação de fazer a mesma pergunta a *si mesmo*: "Senhor, e quanto a ele?" — ou, nas palavras de Paulo: "[...] *Que devo fazer, Senhor?* [...]" (Atos 22.10).

Tempos atrás, na Inglaterra,[14] fui convidado a encontrar um grupo de rapazes e moças, que, na maioria, se preparavam na época para servir ao Senhor como missionários no Oriente. Perguntaram-me se lhes contaria quais eu considerava as qualificações essenciais de um missionário. Repliquei que na verdade achava que o tempo dos missionários ainda não chegara ao fim, e que Deus tem convocado servos de todas as nações para trabalharem lado a lado no campo. As observações que seguem contêm a essência do que lhes falei na ocasião. Você perceberá que fazem eco a vários assuntos tratados de modo mais extenso nesses estudos.

A certeza da salvação

Eis o ponto de partida. A experiência nos alerta de que nunca é seguro subestimar a necessidade de prestar muita atenção em se preparar uma lista de qualificações como essa, ou em tratar de qualquer grupo de homens ou mulheres. O fundamento de todo serviço prestado ao Senhor é que nós o encontramos e conhecemos por nós mesmos, e recebemos a certeza absoluta de que, nele, estamos salvos por toda a eternidade.

Cristo, nossa vida

Precisamos lembrar os cristãos atuais de que muitas religiões seculares contam com um código ético e moral elevado. Na sociedade chinesa, como em algumas outras, conquanto possa haver menos padrões rigorosos sobre determinadas matérias, coisas como raiva e impaciência em um homem ou mulher são consideradas sinais sérios de

---

[14] Era o ano de 1938.

falta de autocontrole. No entanto, missionários que desconhecem por si mesmos a vida vitoriosa do cristão costumam demonstrar esses sinais, sem se dar conta de quanto o testemunho deles sofre em consequência disso. Por esse motivo, aqueles aos quais estão procurando testemunhar consideram-se justificados para se sentirem superiores em termos religiosos e morais. Se temos de testemunhar de Cristo com eficácia entre um povo que já adora o "domínio próprio" e que chega a menosprezar quem necessita de diversão e conforto, precisamos dar prova, de modo real e convincente, por meio da nossa vida, da verdadeira resposta para o "eu". Necessitamos conhecer a cruz como nossa libertação do pecado e da carne, e encontrar no Cristo ressurreto poder suficiente para caminhar em novidade de vida.

Total dependência do Senhor

É fácil exercitar uma "fé grupal"; muito mais difícil é confiar em Deus sozinho e fazê-lo sem deixar que nossos olhos se desviem dele para o canal por onde chegam os suprimentos. Os ocidentais falam em "cristãos cesta básica", ou seja, aqueles que se dizem convertidos, mas só estão interessados nos benefícios oferecidos por uma instituição religiosa. Mas será que não somos capazes de reconhecer em todos nós uma tendência inconfessa no sentido do que poderíamos chamar, em termos mais atuais, de "vida de fé e indiretas pedindo dinheiro" ou, como alguém colocou com bastante astúcia, "fé e selos postais" (utilizados como moeda de troca)? Quanto menos nossas mãos tocarem nos milagres de Deus para suprir nossas necessidades, melhor. Não deveríamos ter medo de dificultar as coisas para o Senhor — na verdade, dificultar a ponto de ninguém se atrever a "chegar perto", a menos que Deus seja invocado. Talvez a salvaguarda mais certa que temos está em preocupar-nos com as necessidades alheias. Preocupe-se em cuidar dos outros, e Deus se preocupará em cuidar de você.

Um ministério específico

Como seus filhos, todos nós temos a obrigação de testemunhar do Senhor, mas o servo de Deus deve ir além disso. Sua marca deve ser certo conhecimento especial de Deus, engendrado pelo Espírito, que lhe seja característico e próprio. A partir disso, seu ministério há de desabrochar. Seremos de pouca utilidade para a igreja na China — ou em qualquer outro lugar do mundo, a bem da verdade — se tudo que conseguirmos fazer for pregar o evangelho e edificar de uma maneira genérica. É o que se espera de todo cristão, mas os cristãos chineses esperarão algo mais de nós, algo específico. Tampouco lhes satisfaremos as necessidades com um ensino ou doutrina especiais, por excelentes que sejam. Repito, isso só acontecerá com um conhecimento do Senhor que nos caracterize por *nos* ser peculiar. Às vezes, reclamamos pelo fato de as pessoas não terem fome da Palavra, mas, creia-me, se tivéssemos alguma coisa que nos fosse característica para lhes dar, elas teriam. Será que nós, com nossa presença, criamos nas pessoas uma fome de Deus? O alimento pode gerar fome se for apetitoso o bastante; as pessoas sentem fome quando veem homens e mulheres cheios do Espírito e de amor, não pregando apenas, ou distribuindo um conhecimento genérico, mas ministrando riquezas espirituais que trazem em si as marcas das relações com o Senhor. Sim, há algo errado conosco se não despertarmos fome nas pessoas.

A atitude de um aprendiz

Sempre viaje com um grande "L" nas costas![15] Quem decide ser "mestre" dos outros se coloca em posição perigosa. Muitos exageram e, por falarem de coisas que não submeteram ao teste da experiência, criam problemas na mente de simples santos. Se estamos mais que seguros e prontos o suficiente para dizer algo às pressas, sujeitamo-nos à necessidade de nos lembrarmos, da próxima vez, da resposta que demos, ou então acabaremos descobrindo que de repente demos uma resposta diferente! Quanto mais afirmamos saber, mais espaço haverá para nossos ouvintes criticarem, porque serão levados a criar mais expectativa em relação a nós. Essa superioridade, fruto do excesso de confiança de que *sabemos*, fecha a porta, de maneira imperceptível, mas firme, ao que de fato pode nos ter sido dado para compartilhar com as pessoas. Em vez disso, necessitamos de graça para reconhecer nossa ignorância e conversar com o Senhor a esse respeito. Temos de nos dispor a dizer: "Eu não sei". As pessoas não serão duras com o trabalhador que adota a seguinte atitude: "Se você tem alguma coisa para dizer, estou disposto a ouvir, porque também sou discípulo do Senhor". Portanto, meu conselho para você é permanecer um aprendiz durante muito tempo. Mantenha aquele "L" nas costas por no mínimo dez anos!

---

[15] Na época da apresentação dessa palestra, fora introduzida havia pouco tempo na Grã-Bretanha a prática de se afixar uma placa com um "L" nos carros dirigidos por alguém portando uma habilitação provisória (*Learner's License*, em inglês, ou "habilitação de aprendiz"). A ideia de alguém se proclamar publicamente um aprendiz fascinou o autor. [N. do E.]

Uma história dos feitos de Deus

Acredito, além do mais, que todo servo de Deus deveria incluir algumas coisas na própria história, provas duradouras da presença e do poder de Deus consigo. Fiz o relato em outro local de um incidente em que Deus respondeu à oração de fé pedindo chuva de um modo bastante milagroso, a ponto de nenhum de nós que estávamos presentes jamais se esquecer.[16] Todavia, os missionários ocidentais têm precedentes. Desenvolveram uma explicação para determinadas coisas, e há mestres cristãos dispostos hoje a justificar pela doutrina a relativa infrequência dos milagres em nosso tempo. Tais justificativas nunca serão aceitas pelos cristãos simples, que veem com bastante frequência a mão de Deus operando em sua vida.

Lembro-me de um caso desses envolvendo Chen, o alfaiate. Ele era de fato alguém muito simples. Ademais, jamais conhecera outro cristão. Tudo que tinha era uma cópia do evangelho de Marcos, cuja leitura, no entanto, o levara a conhecer o Senhor e a crer. Até que ele chegou ao capítulo 16 de Marcos — a chamada "passagem duvidosa"! — e, depois de a ler com muita atenção, disse para o Senhor: "Deus, sou tão insignificante que um pequeno dom me bastará. Dê-me o dom da cura!". Na mesma hora saiu e, indo de casa em casa, orou pelos enfermos da aldeia. Mais tarde, quando o encontramos e conversamos com ele sobre os detalhes do ocorrido, ficou evidente que sua humildade, aliada a uma confiança absoluta em Deus, indiferente à gravidade das enfermidades que combatera e às evidências

---

[16] NEE, Watchman. *As três atitudes do crente: nosso relacionamento com Deus, com o mundo e com o Diabo*. São Paulo: Vida, 1985.

imediatas de uma resposta, levara a acontecimentos maravilhosos na aldeia! Idólatras foram convencidos da superioridade do Senhor sobre deuses pagãos e alguns tinham crido. Todavia, Chen continuou sendo apenas um irmão humilde que não fazia reivindicações extravagantes, testemunhando tranquilamente do Senhor Jesus à medida que prosseguia com seu emprego como um simples alfaiate de aldeia.

Confesso que houve uma ocasião no Ocidente em que, ao comparecer a uma conferência de irmãos muito sinceros e ouvi-los se envolverem cada vez mais em profunda discussão de um ponto doutrinário difícil, afinal fui compelido a me intrometer. "Caros irmãos!"— exclamei. "No meu país, todo o seu conhecimento desses belos detalhes bíblicos não os conduziria a nada se, quando surgisse a necessidade, vocês não soubessem expulsar demônios!"

Hoje somos mais civilizados e, por conseguinte, muitas vezes fechamos a porta para Deus. Às vezes, parece-me que ele nos dirige até determinada oportunidade e então, porque nossa cautela natural nos proíbe de dar um passo de fé, em vez de um milagre de vida, tudo que conseguimos é um novo ensinamento. Claro, devemos esperar que Deus sele sua Palavra com sinais e maravilhas. Se o conhecemos de verdade, seus feitos extraordinários não podem estar muito longe. O assento de Satanás hoje há de ser desafiado por nossa fé em um Deus vivo.

O chamado divino

Nenhum senhor conta com tantos servos como o nosso, que tem uma função apropriada para cada um deles. Para José, ele reservou uma tarefa particular: salvar Israel da fome. Samuel chegou na hora certa para a obra muito especial de separar o sacerdote em favor do rei, como mais tarde Elias chegou para separar o rei para o profeta. A menina israelita estava à mão para testemunhar a Naamã no momento de sua necessidade. Até um jumentinho estava pronto para Jesus entrar em Jerusalém montado nele.

Muitos reclamam da posição que Deus lhes deu, ou da tarefa que lhes confiou no corpo. Querem fazer uma coisa, mas Deus os coloca para fazer outra. Têm a ambição de servi-lo aqui, mas o plano de Deus para a sua vida está em alguma outra parte. Quando confrontados com esses aparentes reveses, é bom lembrar-nos de que o propósito divino para nós em sua Igreja remonta a antes da nossa conversão, pois a presciência do Senhor preparou nossas circunstâncias e determinou nosso caminho antes de termos nascido. Isaías foi escolhido no nascimento, Saulo de Tarso "desde o ventre materno" (Gálatas 1.15), Jeremias antes ainda de ser formado no útero materno. Claro, o caso de Saulo intrigou Ananias, em vista do que ele ouvira de outras pessoas acerca desse "vaso escolhido"! Mas o caminho inteiro é maravilhosamente preparado para os servos por Deus, o qual determina de quem seremos filhos, apesar de às vezes pensarmos que nascemos na família errada! Alguns de nós aceitam os pais, mas gostariam de mudar irmãos, irmãs ou outros parentes! Todavia, José disse: "Mas Deus me enviou à frente de vocês para lhes preservar um remanescente [...]" (Gênesis 45.7). Se não vemos a mão de Deus nas escolhas que ele faz, perdemos grande oportunidade de lhe dar louvor.

O trabalho de Davi começou com Golias, mas ele já aprendera a lição em seus dias de pastoreio. "O SENHOR que me livrou das garras do leão [...]" (1Samuel 17.37), disse ele. Pedro era pescador, alguém familiarizado com a rede de pesca. Talvez por esse motivo compreendeu melhor o "grande lençol" que viu em Jope (Atos 11.5). Paulo encontrou Áquila e Priscila por meio de sua habilidade na confecção de tendas. Não havia nenhuma necessidade de que alguém de fora adquirisse a habilidade desses dois homens a fim de ajudá-los a se tornarem, como de fato aconteceu, expoentes rigorosos do caminho de Deus. E, em um tempo de decadência em Éfeso, um Timóteo estava à mão, alguém que desde bebê conhecera os Escritos Sagrados.

Deus nunca faz nada de repente; sempre prepara tudo com muita antecedência. Portanto, não há nada do que reclamar nem de que se orgulhar no chamado divino. Também não há ninguém a quem invejar, pois as vantagens do outro nada têm a ver conosco. "Portanto, isso não depende do desejo ou do esforço humano, mas da misericórdia de Deus" (Romanos 9.16). Nossa herança, nosso nascimento, nossas habilidades naturais são coisas já determinadas por Deus. Podemos recolher outras tantas ao longo do caminho, pois estamos sempre aprendendo, mas o caminho é de Deus. Olhando para trás, para o que vivemos, curvamo-nos e reconhecemos que tudo estava preparado por Deus. Não temos necessidade de temer que tenhamos deixado passar alguma coisa. Uma atitude como essa no coração é o verdadeiro descanso.

Deus é um Deus que trabalha e começou a fazê-lo muitos anos atrás. Quando quer um tipo especial de servo, ou quando a Igreja necessita de uma ajuda especial, Deus nunca é pego despreparado. Nunca encontra uma emergência. Na história dos seus filhos, sua mão está por toda parte. Cada um de nós diria, se ponderássemos por um instante: "Sua graça me acompanhou minha vida inteira!".

As palavras de Paulo (apesar de empregadas em outro contexto, é verdade) resumem com eficácia essa atitude para com a providência divina: "Cada um deve permanecer na condição em que foi chamado por Deus" (1Coríntios 7.20). Quando enxergamos seu propósito, palavras como essas assumem um significado bem mais amplo. Deus chama cada um de nós e nos prepara para tarefas por ele conhecidas de antemão. "[...] prossigo para alcançá-lo", diz Paulo em outra parte, "pois para isso também fui alcançado por Cristo Jesus" (Filipenses 3.12).

O Espírito da verdade

Por fim, gostaria de discorrer um pouco mais sobre a obra do Espírito Santo. Nos primeiros capítulos, em especial quando discutimos o ministério de Paulo, falamos várias vezes da necessidade de uma revelação das coisas divinas. Mais de uma vez, dissemos ser fundamental enxergar o propósito de Deus, ver a pessoa e a obra de Cristo, olhar para a Igreja, o corpo de Cristo. A isso, algum leitor pode se sentir instigado a responder, em relação a uma ou outra dessas coisas: "Não consigo ver nada disso. O que o senhor sugere que eu faça?".

Em resposta, preciso apontar de novo para o Espírito da verdade, relembrando que ele é uma pessoa, muito próxima a nós — não, habitando agora dentro do nosso coração —, pronto para ajudar cada um de nós em nossa necessidade. É o apóstolo João que nos diz como, em época de grande mistificação para os discípulos, Jesus lhes assegurou da vinda do Espírito para dar testemunho de si e conduzi-los a toda a verdade.

Seja pela revelação inicial a nosso coração das coisas divinas, seja em meio à disciplina que deve se fazer presente antes que essas coisas divinas se tornem parte de nós de verdade, precisamos achar necessário nos voltarmos vezes e mais vezes para esse gracioso ajudador em nossas debilidades. Só contemplamos realidades espirituais por revelação dele; por sua disciplina amorosa, adentramos tais realidades. Pela revelação, ele abre a porta de entrada para o progresso; pela disciplina, conduz-nos pelo caminho do progresso. A disciplina é o alicerce, a revelação, a superestrutura. Sem revelação da parte do Espírito, não podemos começar a seguir o curso, mas sem a disciplina do Espírito não podemos completá-lo. Esses dois aspectos da obra do Espírito são igualmente essenciais, mas para ambos podemos ter a segurança de contar com ele.

O Pai arquitetou um plano; o Filho o implementou; agora é o Espírito que nos comunica o que o Filho realizou por nós. Reconhecemos de imediato a perfeição da obra do Filho quando ele disse "Está consumado", sentando-se em seguida à direita da Majestade nas alturas (v. Hebreus 1.3). Contudo, se não suspeitamos de que o Filho de fato aperfeiçoou a obra a ele confiada pelo Pai, por que então duvidamos que o Espírito aperfeiçoará a obra de que foi incumbido pelo Filho?

A obra do Filho é tão abrangente quanto a do Pai. Não a ultrapassa nem por um milímetro, tampouco deixa de cumpri-la por um milímetro. Por grandiosa que seja a obra do Pai, igual magnitude tem a obra do Filho; e, por grande que seja a obra do Filho, igual magnitude tem a obra do Espírito. Não há uma partícula da obra completada pelo Filho em nosso favor que não seja completada pelo Espírito em nosso benefício. Toda a plenitude da realidade espiritual que está em Cristo será partilhada conosco pelo Espírito de Cristo. De si mesmo, Jesus disse: "Eu sou a Realidade", e do Espírito: "Ele os guiará a toda a Realidade". A questão de atingir a plenitude da realidade espiritual, portanto, depende não de nós, mas do Espírito. Não se trata de depender da nossa capacidade, ou da nossa habilidade, mas da fidelidade absoluta do Espírito Santo de Deus. Pode-se depender dele para fazer toda a obra a ele confiada pelo Filho? Precisamos aprender a confiar nele. Temos de aprender a depender de sua obra dupla, primeiro nos revelando a natureza e as dimensões da realidade divina, depois nos introduzindo milímetro a milímetro na realidade por ele revelada.

Ao olharmos à nossa volta, não podemos deixar de observar uma trágica falta de experiência de muitos cristãos. Nada na vida deles indica uma plenitude. Eles não têm o suficiente nem para as próprias necessidades; muito menos lhes sobra algo para os outros. Por que são tão pobres? Não seria por desconhecerem a disciplina do Espírito? O salmista diz: "Pressionado, deste-me folga" (Salmos 4.1).[17] O objetivo de toda pressão é a expansão. Tiago diz algo semelhante em sua epístola: "[...] Não escolheu Deus os que são pobres aos olhos do mundo para serem ricos em fé [...]?" (Tiago 2.5). O objetivo da pobreza no mundo é a riqueza eterna. Deus nunca pretendeu que a pressão e a pobreza resultassem em alguma coisa. Seu propósito é que toda pressão leve à expansão, e toda pobreza, à riqueza. A meta estabelecida por ele para seu povo não é nem a estreiteza

---

[17] Tradução livre da *New Translation*, J. N. Darby, utilizada no original como indicado. [N. do T.]

contínua nem a pobreza constante. Pois a dificuldade e a pobreza nunca são o fim; constituem apenas meios para o fim estipulado por Deus. A estreiteza é o caminho para a expansão, e a pobreza, o caminho para a riqueza.

Releia o capítulo 21 de Apocalipse. Que imagem da plenitude encontramos ali! Você pode dedicar muito tempo ao livro de Apocalipse e ainda assim entender pouco do seu significado, mas com certeza não deixará de compreender o que o capítulo 21 fala da riqueza, da abundância e da glória que a terra jamais conheceu, nem mesmo nos dias fabulosos de Salomão. Quando as ruas da terra foram pavimentadas de ouro? Quando este mundo não precisou do sol que o iluminasse? Que riquezas! Que esplendor! Nunca houve império terrenal tão rico ou tão radiante quanto a nova Jerusalém. E que enormidade! Jamais se viu cidade na terra com um décimo dessa escala. E quem vencer, conforme nos é revelado, herdará essas coisas!

Alguns perguntam por que, nos novos céus e na nova terra, lemos sobre Deus e o Cordeiro, mas não encontramos nenhuma menção do Espírito Santo. Com certeza, a resposta é: como hoje Cristo concluiu sua obra, cujo resultado pode ser visto na Igreja, assim também, naquele dia, o Espírito Santo terá concluído a obra dele, e o resultado será visto na nova Jerusalém. Pois tudo que está lá é real — a plena realização pelo Espírito do que ele veio fazer. Quando toca na Igreja hoje, você toca em Cristo, mas não será menos verdade que, ao tocar na cidade futura, você tocará no Espírito de Cristo. Lá a Igreja será cheia do Espírito de Deus em sua plenitude multiplicada por sete; como a cidade, manifestará em si a obra do Espírito na totalidade, pois será santa, como seu Senhor.

Mas como a Igreja atinge esse objetivo? Só percorrendo o caminho da pressão à expansão, da pobreza à riqueza. Você então pergunta: o que queremos dizer por expansão por intermédio da pressão? Quando três homens foram encerrados em uma fornalha e os três se transformaram em quatro, isso é expansão por meio da pressão. Alguns consideram a fornalha um espaço pequeno para três pessoas, por isso buscam uma via de escape; outras aceitam a limitação e, ao aceitá-la, abrem espaço para uma quarta Pessoa. Não permitir que as dificuldades nos excluam da presença de Deus, mas deixar que nos encerrem dentro dele, isso é expansão por intermédio da pressão. Para Paulo e Silas, as portas da prisão só conseguiram deixar o mundo de fora e Deus do lado de dentro, de modo que a prisão deles, em vez de os tolher, libertou-os em maior plenitude. Deus permitiu que provação em cima de provação pressionasse Jó, mas elas só fizeram levá-lo no sentido do objetivo divino. Para João, na ilha pelo testemunho, o próprio Senhor ressurreto abriu a porta e lhe mostrou a gloriosa consumação de todas as coisas. Alguns, por meio da pressão, alcançam o objetivo divino; outros chegam a um fim no meio da pressão. Há quem morra em apuros difíceis; há quem, por meio das dificuldades, encontra plenitude de vida. Há quem murmure quando as provações sobrevêm e nelas só encontram limitação, restrição e morte; outros louvam a Deus nas provações e nelas encontram o caminho para a expansão, a liberdade e a abundância de vida.

Muitos cristãos são pobres a ponto de não terem como suprir as próprias necessidades. Ai de quem for atrás deles à procura de ajuda! Outros são tão ricos que nunca se consegue avaliar o tamanho da riqueza que têm. Não se pode encontrar dificuldade que já não tenham conhecido; não há como os encontrar em situação em que sejam incapazes de ajudar. Eles dispõem de recursos abundantes para atender às exigências de todos que os procurarem por alguma necessidade. Muitos cristãos fogem da bancarrota completa por receberem ministração de outros que investem sem parar a própria riqueza no corpo de Cristo. Tais cristãos mal sabem quanto devem a outros que creem, alguns dos quais talvez até se sintam tentados a menosprezar. Pode ser que, quando um amigo chega de viagem e espera pão da nossa parte, o Senhor permita que recorramos a um vizinho de modo que tenhamos alguma coisa para lhe dar; mas pode ser que o Senhor nos diga: "Dê-lhe de comer".

A pobreza e a atrofia espirituais são dois dos maiores problemas na Igreja. Todavia, a pobreza é efeito, não causa, e a atrofia também é efeito, não causa. A causa da pobreza e da aflição é falta de disciplina do Espírito. Os ricos e os que gozam de espaços amplos são aqueles, os únicos, que experimentaram essa disciplina. Atravessaram águas profundas e têm uma história espiritual com Deus, pois sofreram por causa do corpo. Suas enfermidades, seus problemas domésticos, suas adversidades, tudo isso serviu para o incremento de Cristo em seu povo. Por outro lado, os que ignoram tais disciplinas, escolhendo em seu lugar uma vida de conforto em um caminho de prosperidade, esses são os atrofiados e os atingidos pela pobreza. O pobre e o necessitado os procuram em vão para pedir ajuda. Nada lhes excede.

Você pensa que pregar é só pregar? Pensa que ministério é só ministério? Creia-me, não são. Servir a Deus não é só uma questão de palavras ou obras, mas de tudo que você tem passado. Se o Espírito nunca tiver permissão para o importunar, você estará condenado à pobreza a vida inteira. Nunca aprenderá que bênção é tirar sua plenitude do Senhor, não de si mesmo, para os outros. E isso é ministério.

A revelação serve à disciplina. Nossa aceitação da disciplina do Espírito abre o caminho para que ele nos revele as realidades que estão em Cristo e para nos conduzir até elas. Evitar a disciplina nega ao Espírito a oportunidade de fazê-lo. Todos os dias Deus procura oportunidades para nos expandir, mas, quando as dificuldades se levantam, nós as evitamos; quando as provações vêm, nós as contornamos. Oh, mas a que custo para nós mesmos! E a que custo para o povo de Deus! Claro, não há como evitar o castigo divino que nos sobrevém quando nos afastamos deliberadamente da vontade do Senhor; isso é algo diferente, projetado para nossa correção e cura. Não podemos fugir disso, mas podemos, se quisermos, nos esquivar das disciplinas criativas do Espírito. No entanto, se estivermos dispostos a nos comprometer com suas causas, ele nos tomará em suas mãos e nos conduzirá ao objetivo de Deus. Estamos dispostos a dizer: "Senhor, beberei do cálice que o Senhor me deu até a borra; suportarei a cruz e não buscarei alívio algum em fel ou vinagre"? Oh, que haja uma completa consagração do povo de Deus que capacite o Senhor a fazer tudo que em seu coração ele planejou para essa gente! Isso levará à plenitude, a plenitude da nova Jerusalém. Não existe uma só pepita de ouro naquela cidade que não tenha sido provada na fornalha; nem uma pedra preciosa que não tenha passado pelo fogo; nem uma pérola que não tenha sido produzida por meio do sofrimento.

Quando Pedro dirigiu a Jesus sua pergunta acerca de João, qual foi a resposta do Senhor? "Se eu quiser que ele viva até que eu volte, o que é que você tem com isso? [...]."

(João 21.22, *Nova Tradução na Linguagem de Hoje*) Até que eu volte! O ministério do Espírito da verdade, estabelecido por João, se estenderá até a História ser concluída; nada o pode deter. O propósito de Deus em sua Igreja será cumprido; jamais ele pode ser frustrado. A visão da Cidade Santa, preparada como noiva adornada para o marido, se concretizará de maneira infalível e nós o veremos. Ninguém pode mexer nisso "Até que eu volte"; está estabelecido no céu.

Portanto, não devemos nos colocar nas mãos seguras do nosso Pai, a fim de que ele possa ordenar nossa vida como quiser? Ele tomará o cuidado de providenciar para que a obra transformadora do Espírito Santo dentro de nós não seja menos que perfeita, menos que certa, do que foi a redenção realizada primeiro em nosso benefício por seu Filho amado.

Esta obra foi composta em *Sabon LT Std*
e impressa por BMF Gráfica sobre papel
Offset 75g/m ²para Editora Vida.